검사와 스폰서

대통령이 스폰서가 된 나라

viabook

정흥재 증언
구영식·정희상 정리

검사와 스폰서

대통령이 스폰서가 된 나라

검찰개혁으로 검찰이 바뀌었나?
안 바뀌었다. 검찰 문화에 푹 젖어 있는 인물이
대한민국의 대통령이 됐다.
그 사실 자체가 더 큰 절망과 비극이다.

최승호(전 MBC 사장)

비아북

권력이
검사의 스폰서가 된
나라

2010년 대한민국(특히 검찰!)을 떠들썩하게 했던 '검사와 스폰서 사건'
은 검찰 진상규명위원회와 '스폰서 특검'을 거치면서 완벽하게 축소, 은
폐됐고, '스폰서 검사들'은 면죄부를 받았다. 정용재 씨가 자신의 전부를
희생하며 폭로했던 검사와 스폰서 사건은 이렇게 막을 내렸다. 하지만
나와 정희상(당시 『시사IN』 기자) 선배는 정용재 씨의 증언을 책으로 남기
자는 데 의기투합했다. 2010년 11월부터 2011년 1월까지 틈틈이 부산
으로 내려가 형을 이행 중이던 정용재 씨를 심층 인터뷰했다.

그런데 우리가 검사와 스폰서 사건에 관한 책을 낸다는 내용이 증권가 정보지(일명 '찌라시')에 떠돌아다녔다. 이것이 언론계뿐만 아니라 법조계까지 퍼졌는지 정용재 씨로부터 접대를 받았다는 한 유력 검사는 내가 아는 변호사를 통해 만나자고 연락을 해왔다. 그 검사는 서초동의 한 음식점에서 나를 만나 증거자료를 내놓으며 "나는 발기부전이라 당시 성 접대를 받았던 대상이 될 수 없다"라고 해명했다. 직설적으로 얘기하지는 않았지만 "내 이름은 빼달라"라는 간절한 호소로 들렸다.

우리는 검사와 스폰서 사건이 터진 지 1년이 지난 2011년 4월, 정용재 씨로부터 접대받은 검사들의 실명을 공개한 『검사와 스폰서, 묻어버린 진실』을 출간했다. 사건 당시에는 몇 명의 고위직 검사들만 실명을 공개했지만, 이 책에서는 그 당시 익명으로 숨겨져 있던 검사들 60여 명을 모두 실명으로 공개했다. '검사 실명 공개'에는 의도가 있었다. 검찰 진상규명위원회와 스폰서 특검의 부실 수사를 향한 문제 제기이자, 제대로 취재, 보도하지 못한 한국 언론을 향한 질타이기도 했다. 이 책이 나왔을 때 대검에서 '해명, 반박 등 일절 대응하지 마라'라는 지침을 내렸다는 얘기를 들었다.

그로부터 13년이나 흘렀다. 그런 책을 냈다는 사실조차 오랫동안 잊고 있었다. 그렇게 잊고 지낸 사이 책도 절판되고, 용감하게 책을 출판했던 출판사도 폐업하고 사라졌다. 총 3만 부를 찍었다는 책 중 일부만이 헌책방 어디엔가 뒹굴고 있다는 소식이 풍문처럼 들려왔다.

그런데 뜻밖의 곳에서 다시 검사와 스폰서 사건을 소환하는 극적인 일이 일어났다. 『검사와 스폰서, 묻어버린 진실』(정용재·정희상·구영식, 책보세, 2011년)에서 언급된 임무영 전 검사가 MBC 대주주인 방송문화진흥회의 이사로 임명된 '사건' 때문이다. 후배 기자로부터 책에 관한 문의가 들어오고, 『뉴스타파』, 『한겨레』, 『오마이뉴스』, 『시사IN』, 『미디어오늘』 등 '언론장악 공동취재팀'이 관련 내용을 인용해 보도했다. 임 전 검사 덕분에 공동 저자였던 나는 『뉴스타파』와 인터뷰하고, 인기 유튜브 채널인 최욱의 '매불쇼'에도 출연하는 영광을 누렸다. 스폰서 검사는 죽거나 사라진 게 아니었다. 여전히 권력의 자장 안에서 '무사히' '잘' 살아 있으면서 '진화'하고 있었다.

윤석열 검찰정권에서 검사 출신들이 대거 권력 속으로 약진해 들어갔다. 대통령실부터 국무총리실, 정부 부처, 금융감독원까지 그들의 자리는 차고 넘쳤다. 심지어 그동안 정치적 중립지대로 여겨졌던 국가인권위원회나 국민권익위원회에도 검사 출신들이 중용됐다. 과거 기업가들이 검사의 스폰서였다면 이제는 권력이 버젓이 검사의 스폰서가 됐다. 그로 인해 검찰의 칼날은 유독 김건희 여사 앞에서 머뭇거리거나 멈췄다.

그러던 중 '권력이 검사의 스폰서가 된 나라'에서 비상계엄이 선포됐다. 비상계엄이라고 하지만 윤석열 대통령이 충암고와 육사 출신들을 앞세워 일으킨 친위 쿠데타self-coup였다. 과거 5·16이나 12·12쿠데타는 하나회 출신 등 '군인'들이 주도했던 반면 12·3쿠데타는 '검사' 출신 대통령이 주도했다는 점에서 의미심장하다.

법을 집행했던 검사 출신 대통령이 왜 이런 반헌법적인 일을 벌인 것일까? 역설적이지만 검사 출신 대통령이어서 가능한 일이었다. 비현실적인 한밤중 쿠데타는 검사 우월주의 혹은 선민의식에서 비롯됐다. 평생을 선과 악, 불법과 합법이라는 이분법으로 세상을 판단해온 검사의 외눈박이 시각, 자신들만이 거악을 척결할 수 있다는 오만과 독선의 선민의식, 수사하는 검사처럼 국정을 운영하는 수사통치, 헌법보다 형법을 우선하는 통치 스타일 등이 쿠데타를 배태했다. 윤석열 대통령이 "검사는 우리나라에서 가장 유능한 집단이다"라고 말했다는 사실을 떠올려 보라.

윤석열 대통령이 검찰총장으로 재직할 때 대검 감찰부장으로 그를 관찰했던 판사 출신 한동수 변호사가 최근 『경향신문』과의 인터뷰에서 한 증언은 섬뜩하다. 윤 대통령이 검찰총장 시절 검찰 간부들과 한 식사 자리에서 "만일 육사에 갔으면 쿠데타를 했을 것이다", "쿠데타는 검찰로 치자면 부장검사인 당시 김종필 같은 중령급이 한 것", "내가 그 시절로 돌아가고 싶다" 등의 충격적인 발언을 쏟아냈다는 것이다. 검사 우월주의가 없었다면 할 수 없는 반헌법적 발언들이다. 이어진 한동수 변호사의 얘기는 몹시 매섭다.

"나는 '묵묵히 일하는 다수의 검사'란 말을 신뢰하지 않는다. 헌법과 법률을 위반해도 된다는 본인들의 특권의식, 자신의 허물은 방어할 수 있으리라는 소속 집단에 대한 과잉 동일시와 거짓 자아가 검찰 내 뿌리 깊다. 현재 윤석열이 실행한 친위 쿠데타는 개인의 위험한 극우적 시각, 금도를 개의치 않는 성향에서 발현된 측면과 아울러 그것을 강화하는 검찰 조직 문화 속에서 성장한 측면이 함께 있다고 봐야 한다."

그런 검찰 조직 문화 속에서 성장한 윤석열 대통령은 검찰 권력을 사유화해 대통령이 되었고(이를 '연성軟性 쿠데타'로 보기도 한다), 그 연성 쿠데타로 집권한 뒤에는 '권력이 검사의 스폰서가 되는 나라'를 만들었다. 그리고 결국은 헌법을 위반하며 '민주화 시대의 첫 반역자'가 되었다. 그런 대통령을 키운 검찰도 이제 '폐족'의 위기에 처했다. 그런 점에서 검사와 스폰서는 과거의 문제가 아니라 여전히 살아 있는 현재의 문제다. 이것이 우리가 13년 만에 『검사와 스폰서』 개정판을 내는 이유의 하나다.

2024년 12월
저자들을 대신해
구영식 쓰다.

인터넷 국어사전은 '스폰서sponsor'를 이렇게 설명해놓고 있다.

1. 행사, 자선사업 따위에 기부금을 내어 돕는 사람.
2. 라디오나 텔레비전 방송 따위에 프로그램을 제공하는 광고주.

하지만 스폰서는 이런 사전적 의미에만 머물지 않고, 사회적 의미로 확장된다. 그런 점에서 스폰서는 국회의원, 판·검사 등 사회에서 힘이 있는 사람을 뒤에서 돈 등으로 뒷받침하는 사람을 가리킨다. 이런 경우 스폰서는 대부분 사업가다. 마치 권력과 돈이 만나는 것과 비슷하다. 지난해 우리 사회를 뒤흔들었던 '검사와 스폰서' 사건은 그러한 성격의 스폰서를 적나라하게 드러낸 계기였다.

우리는 '검사와 스폰서' 사건이 터진 때를 전후로 수차례 정용재 씨를 부산 현지에서 만났다. 정 씨는 20대의 젊은 나이에 아버지의 사업체를 물려받아 한때 부산·경남 지역에서 가장 잘나가던 건설업자였다. 정 씨에게는 젊은 나이라는 약점을 보완해줄 힘(권력)이 필요했고, 정 씨는 아버지 때부터 관계를 맺고 있던 '검사'를 선택했다. 정 씨는 사업이 몰락한 이후에도 '검사 스폰서' 노릇을 멈추지 않았다. '스폰서 중독증'이라고 할 수 있을 정도였다. '권력에 돈 쓰는 맛', 그 대가로 '권력에 호가호위하는 맛'을 버릴 수 없었던 것이다.

정 씨는 자신이 20여 년 동안이나 검사의 스폰서였다고 고백했다. 검사들에게 정기적으로 밥과 술을 사고, 촌지를 돌렸을 뿐 아니라 수시로 성 접대까지 해왔다고 증언했다. 이렇게 쓴 접대비만 당시 돈으로 10억 원 이상이라고 한다. 특히 검사들이 다른 지역으로 떠날 때면 전별금과 함께 순금으로 만든 마고자 단추를 선물했고, 심지어 검사들이 제시간에 비행기를 탈 수 있도록 경찰 헬리콥터를 띄우기도 했다. 떠나는 검사가 부임하는 검사에게 정 씨를 소개해주는 '스폰서 인계' 문화는 검사-스폰서 유착관계의 원동력이었다. 정 씨는 접대가 "보험 성격도 있었지만 대부분은 검사들이 노골적으로 요구하는 분위기였다"라며 "하지만 어떤 검사도 이러한 접대에 죄의식을 느끼지 않았다"라고 말했다.

더 놀라운 증언도 나왔다. 부산의 한 모델 에이전시에 소속된 모델들을 불러 '원정 접대'에 나섰는데, 그 과정에서 경찰 호송차의 호위를 받았다는 얘기다. 경찰도 '검사 스폰서'의 손아귀 안에 있었던 셈이다. 이렇게 공권력이 검사 접대를 위해 움직인 것은 정 씨가 '검사' 스폰서였기 때문에 가능한 일이었다. 그런 점에서 검사 스폰서의 실체를 들여다보는 일은 검사의 어두운 얼굴을 들여다보는 것이나 다름없다. 정 씨가 증언한, 술자리에서 보여준 검사들의 행태는 글로 옮기기조차 민망할 정도다.

하지만 검사의 어두운 얼굴은 제대로 드러나지 않았다. 언론의 집중적인 보도에도 불구하고 검찰 진상규명위원회와 특검의 활동은 그야말로 '용두사미'로 끝나고 말았다. 오히려 이들의 활동은 스폰서 검사들에게 면죄부만 줬다는 지적을 받았다. 생선을 고양이에게 맡긴 데서 예고된 결과였다. 특검에 파견된 현직 검사들은 날마다 변호사 출신인 특검보들과 싸워가며 조직의 치부를 덮기에 바빴다. 정 씨는 지난해 12월 중순 우리에게 보낸 문자메시지에서 이렇게 토로했다.

"스폰서 검사 건은 이제 막을 내리는 것 같다. 모든 진실이 묻혀버리고 정의가 사라지고 무소불위의 검찰은 자성의 기미가 전혀 없다는 현실이 서글플 뿐이다."

그동안 계속 정 씨를 취재해온 우리도 '막을 내리는 검사와 스폰서 사건' 앞에 아쉬움이 컸다. 고민한 끝에 정 씨의 증언을 한 권의 책으로 정리하자는 데 뜻을 모았다. 그리고 구속집행정지 상태였던 정 씨를 다시 부산에서 만나 수차례 심층 인터뷰를 진행했다. 이 책은 우리가 그동안 정 씨를 취재해왔던 내용과 그때 심층 인터뷰한 내용을 정리해 엮은 것이다.

특히 이 책에서는 정 씨가 접대했던 검사들의 이름을 과감하게 드러냈다. '한두 번 접대받은 검사들 이름까지 공개할 필요가 있느냐?'는 주위의 걱정도 있었다. 하지만 검사와 스폰서 사건이 터졌을 때 공개된 일부 고위직 검사들뿐 아니라 일반 검사들조차도 '스폰서 문화'에 포획된 현실을 가감 없이 보여줄 필요가 있었다. 그렇게 하기 위해 고심 끝에 내린 선택이 검사들의 '실명 공개'다. 수사검사로 8년 6개월간 검찰에 몸담았던 김용원 변호사는 자신의 저서에서 '스폰서 문화'를 이렇게 독하게 꼬집었다. 그의 독설은 우리의 검사 실명 공개를 설득력 있게 뒷받침해준다.

"여자 접대도 하고 용돈도 주면 물론 금상첨화다. 판검사들, 특히 젊은 판검사들 가운데는 술과 여자에 굶주린 사람이 많다. 스폰서들은 이런 판검사들을 노린다. (…) 룸살롱의 잘나가는 아가씨들 가운데 판검사와 섹스 한번 해보지 않은 사람을 찾는다는 건 거의 불가능할 것이다. (…) 그러나 스폰서를 두고 있는 판검사들은 여전히 적지 않다. 특히 잘나가는 검사들 가운데 스폰서를 여럿 거느린 사람도 많다."(『천당에 간 판검사가 있을까?』 중에서)

이 책은 정 씨의 의지가 없었더라면 나올 수 없었다. 그는 주변의 반대에도 불구하고 자신의 증언이 책으로 기록되어 세상에 나오길 가장 바랐다. 그는 "그동안 제가 접대했던 분들이 이 책을 한 권씩 사서 읽어주길 바란다"는 '의미심장한' 말을 잊지 않았다. 하지만 정 씨는 진실을 이야기했다는 괘씸죄에 걸려 현재 신병치료를 위한 구속집행정지조차 얻어내지 못한 채 고통스러운 옥살이를 견뎌내고 있다. 애초 도전하지 말아야 할 '성역'에 도전한 탓이었다. 정 씨는 지난 2월 우리에게 보낸 편지에서 자신의 처지를 「산장의 여인」 노래 가사에 빗댔다.

"아무도 날 찾는 이 없는 외로운 이 산장에 (…) 병들어 쓰라린 가슴을 부여안고 나 홀로 재생의 길 찾으며 외로이 서 있네."

정 씨는 다시 구속된 이후 수술이나 재활치료를 제대로 받지 못하고 있다고 한다. 정 씨는 편지에서 "모든 것이 이렇게 고통스러울 줄, 힘들 줄 몰랐다"며 "모든 것이 고립"이라고 토로했다. 정 씨의 유죄가 확정돼 형사처벌을 받고 있더라도 그가 건강을 되찾을 수 있도록 사법부에서 정당하게 배려해주기를 바란다.

특히 '언론보도'의 한계를 절감했던 우리는 책을 펴내는 과정에서 '책'이라는 '올드 미디어old media'가 의미 있는 미디어로서 기능할 수 있다는 기대를 갖게 됐다. 그런 점에서 출판사에 부담이 될 수도 있는 이 책을 내겠다고 선뜻 나서준 김이수 책보세 주간에게 고마움을 전한다. 그리고 검사와 스폰서 사건 보도에서 중요한 역할을 했던 최승호 피디 등 MBC 「PD수첩」에도 감사한다. 「PD수첩」은 두 번에 걸친 검사와 스폰서 관련 방송 원고를 이 책에 실을 수 있도록 배려해주었다. 앞으로도 「PD수첩」이 우리 사회의 성역을 끈질기게 파헤치는 '시대의 눈'으로 남기를 바란다.

지난 4월 6일, 책 출간을 앞두고 안동교도소에 수감된 '스폰서 정 씨'를 면회했다. 수감 상태에서도 그의 일거수일투족은 늘 검찰의 주시 대상이었다. 안동교도소로 이감되기 직전 부산구치소에 있을 때, 그의 구속을 지휘한 부산지검 검사가 이 책 초고를 손에 넣으려고 구치소 내 그의 방에 들이닥쳤지만 간발의 차이로 원고를 우편으로 내보낸 뒤여서 허사로 끝났다고 했다. '도둑이 제 발 저린' 꼴이다. 검찰이 지난 1년간 그런 열성으로 환골탈태를 위해 각고했다면 아마 이 책은 나올 필요가 없었을 것이다.

2011년 4월 초
정용재의 증언을 정리한 구영식, 정희상

16

차례

| 제1부 | 권력이 검사의 스폰서가 된 나라

1장 ▶ '20여 년 검사 스폰서'의 고백을 회고하다

| 제2부 | **검사들의 스폰서, 정용재**

1장 ▶ **나는 어떻게 검사들의 스폰서가 되었나**

2장 ▶ **검사 접대 일지: 대한민국 검사들, 이렇게 놀았다**

제1부

권력이 검사의
스폰서가 된
나라

'20여 년 검사 스폰서'의 고백을 회고하다

정용재 씨는 부친부터 2대에 걸쳐 건설업을 하면서 검사들과 친분관계가 상당히 두터웠던 인물로 알려졌다. 스스로 20여 년 동안 '검사 스폰서'를 자처했을 정도였다. 그는 국민의힘의 전신인 민자당 소속 경남도의원을 지내기도 했다. 그런데 정 씨의 표현대로 "보수 성향에다 부르주아 집안 출신"인 그가 왜 '권력기관'인 검사를 향해 칼을 빼 들었을까? 도대체 그와 검사들 사이에 어떤 일이 있었던 것일까? 그 의문을 풀기 위해 정 씨를 부산에서 수차례 만나 인터뷰했다.

'검사 스폰서'의 진정서가 날아들다

'검사와 스폰서 사건'은 한 건설업자가 검찰에 보낸 진정서에서 비롯됐다. 20여 년간 부산·경남 지역에서 건설업을 해온 정용재 씨는 2010년 2월 초 부산지검(검사장 박기준)에 진정서를 냈다. 정 씨는 "진정한 검찰개혁을 위해 진정서를 제출한다"라며 이렇게 요청했다.

"그동안의 뇌물·촌지·향응·성 접대 등에 대하여 공직자윤리법, 성매매특별법 공소시효가 남아 있는 근래의 것은 형사적 책임(을), 시효가 지난 것은 도덕적 책임을 물어 엄격히 조사하시어 처벌하여주시길 바랍니다."

정 씨가 '형사적 책임'과 '도덕적 책임'을 물어달라고 요청한 대상은

"부산지방검찰청 현직 검사님 10여 분 외 전국 각 검찰청에 재직 중이신 90여 분"이었다. 그는 진정서에 "검사님들의 명단과 수표번호, 향응 장소와 일시 등의 관련 자료(수기)들을 진정인 조사 시 모두 제출하겠다", "명단에 적시된 전 검사님들과의 대질을 부탁드린다"라고 적었다.

매달 2회 촌지 제공…
지청장은 100만 원, 일반 검사는 30만 원

정용재 씨가 직접 작성한 수기 자료에 따르면, 그에게 정기적으로 금품, 향응을 받은 전·현직 검사는 50~60명에 이른다. 여기에는 현직 검사장과 법무부 고위간부, 그리고 전국 검사들의 비위 감찰 업무를 관장하는 고위급 인사도 포함돼 있다. 또 최근 논란이 된 유명 정치인의 재판에 투입된 검사도 있고, '박연차 게이트'에 직·간접적으로 연루된 검사들도 있다. 또 한 지검의 특수부 검사로 재직할 당시 한 업자로부터 청탁과 함께 수천만 원을 받았다는 전직 검사도 있다. 일부 검사들은 검찰을 떠나 변호사 사무실을 개업하거나 기업체에 영입됐으며, 정치권 진출을 시도한 경우도 있다.

하지만 검찰 측은 "제보에 등장한 모 검사장은 정용재 씨와 안면이 있고 식사 자리 등에 동석한 것은 인정하지만 금품 접대와 성 접대는 터무니없는 명예훼손이라고 밝히고 있으며, 대부분의 검사들이 의혹을 부인하고 있다"라고 전했다. 스폰서 검사로 거론된 부산지검의 한 고위간부는 "정용재 씨가 검찰수사에 앙심을 품고 보복성 거짓 주장을 하고 있다"라고 반박했다.

정 씨는 "제가 제시하는 내용은 한 치도 거짓이 없는 진실"이라며 매우 자세한 금품 접대, 향응 내용을 자료에 담았다. 먼저 정용재 씨는 1984년 3월부터 1990년 12월까지 약 82개월간 진주지청에 근무했던 검사들과 일반직 직원들을 접대했던 내용을 적었다. 그 기록에 따르면 그는 매달 2회 현금을 제공했다. 정기적으로 촌지를 제공한 셈인데, 이는 그에게 검사 스폰서 활동의 하나였다. 특히 현금은 반드시 신권으로 바꿔 전달했다고 주장했다.

지청장과 검사에게 제공한 현금 액수는 각각 달랐다. 정 씨는 "지청장에게는 1회 100만 원, 검사에게는 1회 30만 원이 전달됐다"면서 "검사의 경우 1호부터 6호 검사실까지 5명만을 대상으로 했다"라고 말했다. 그는 또 "원래 4호실 검사실은 없었고 이후 7호실이 추가됐지만 5명의 검사실만 계산했다"라고 설명했다.

이것을 82개월(6년 10개월)로 계산하면 각각 1억 6,200만 원과 2억 4,600만 원에 이른다. 정 씨의 주장이 사실이라면 그는 6년 10개월 동안 지청장을 포함한 진주지청 검사들에게 4억여 원에 이르는 촌지를 뿌린 셈이다.

심지어 정 씨는 전 검찰총장 이명재에게도 수차례 현금을 전달했다고 주장했다. 이 씨는 검찰 안팎에서 '깨끗한 검사'로 평가받아온 인사다. 정 씨는 "지인의 소개로 알게 된 날 200만 원을 인사한 후에 명절 때마다 쥐치포 속에 신권 100만 원을 넣어 수차례 인사했다"라고 설명했다.

정 씨는 검사들에게만 촌지를 제공한 것은 아니라고 주장했다. 검찰

(지청)에 근무하는 사무과장에게도 매달 2회 총 60만 원이 전달됐다. 이것도 82개월 동안 합산하면 4,920만 원이다. 그는 "촌지를 주는 일은 월례 행사였다"라며 "지금은 좀 다르지만 당시 검사실의 실세였던 계장들은 물론이고 여성 직원들에게도 10만 원이나 20만 원 정도 건넸다"라고 주장했다.

또한 정 씨는 검찰의 각종 공식 행사에 들어가는 비용을 댔다. 체육대회나 등산대회 때는 행사당 100만 원 혹은 200만 원을 후원했다. 검사와 직원의 회식비도 댔다. 그의 주장에 따르면, 매달 2회 이상 지청장과 검사 전원, 사무과장이 배석하는 회식이 열렸는데, 1회 회식당 100만 원 정도를 지원했다. 82개월로 계산하면 1억 6,400만 원이다.

정 씨는 "검사 개개인 회식비, 서울 등에서 온 손님의 향응비와 숙박비, 추석·설·신정(에 주는 돈), 휴가비, 검사실 입회계장과 지청장실·검사실 여직원, 검찰 교환원 등이 포함된 회식비와 휴가비 등은 제외했다"라고 덧붙였다. 그는 "공식적으로 계산된 금액만 7억여 원에 가깝고 (여기서 제외한 금액까지) 포함하면 10억 원이 넘는 금액을 진주지청에 지출했다"라고 주장했다.

부산지검·고검 60~70명 중 접대한 검사만 30명 이상

또한 정 씨의 수기 자료에 따르면, 2000년 이후에는 주로 부산지검·고검 검사들을 상대로 금품, 향응을 제공했다. 이는 그가 사업 근거지를 부산으로 옮겼기 때문이었다. 부산지검·고검 검사 60~70명 중 정기적으로 식사와 향응을 접대한 검사만 30명 이상이라는 게 그의 주장이다.

정 씨는 이렇게 접대한 장소와 비용, 수표번호, 검사 전화번호 등을 아주 꼼꼼하게 기록해뒀다. 심지어 신권 번호까지 적어놨다. 예를 들면 이런 식이다.

2003년 1월 21일. C고검 ○○○ 부장검사 등 3명 H갈비. 현금 20만+2차 술집 M(룸살롱) 55만 L카드+현금 40만.

2003년 6월 13일. 부장검사와 전원 회식. G(횟집), H(룸살롱), S(룸살롱). 당시 주택은행 수표 10만 원 200만 원 사용. **78*685-700 16장 901-904 4장 총 20장.

2003년 7월 4일. 부장검사 전원(형사4부장 제외) 당시 지검·고검 사무국장 참석 1차 H갈비 식사. 일부 검사 2차 M(룸살롱). 지출 **81**89 100만(원권) 1장 및 **65*584-600 17장 지출 170만(10만 원권).

아가씨 팁 60(만 원) 밴드 15(만 원) 마담 10(만 원): 술값 110만 원.

체육대회, 검사 회식, 환영식,
송별식 비용 대고 촌지까지 줘

경남에서 태어나 부산에서 고등학교와 대학교를 다닌 정 씨는 갓 26세가 된 젊은 나이에 아버지의 사업(건설업)을 물려받았다. 아버지가 일찍 세상을 뜨는 바람에 군에서 제대하자마자 남한건설의 대표가 된 것이다. 남한건설은 관급 공사로 수백억 원의 매출을 올릴 정도로 서부경남 지역에서 잘나가는 건설회사였다.

부친처럼 지역 유지였던 정 씨는 법무부, 검찰에서 위촉하는 갱생보호위원과 소년선도위원으로 10여 년간 활동했다. 이러한 활동을 통해 지역 검사들과 인연을 맺었다. 그의 부친이 서울의 한 명문 사립대 법대를 졸업한 것도 '검사 인맥 쌓기'에 도움이 됐다고 한다.

"나이가 젊으니까 제가 다른 분(위원)들보다 활동을 많이 했다. 그러다 보니 지역 검찰청 출입도 잦았다. 검찰청의 사무과장이 검사들을 소개해주면 제 명함을 주고 안면을 텄다. 저는 평검사들한테도 '영감님'이라고 불렀다."

그렇게 안면을 튼 이후부터 검사 스폰서 인생이 시작됐고, 이는 그의 사업이 기울기 시작한 2004년까지 계속됐다고 한다. 체육대회, 등반대회 등 공식 행사는 물론이고 검사들 회식, 환영식, 송별식 등에 비용을 대는 것은 '검사 스폰서의 기본'이었다. 물론 '촌지'도 빼놓을 수 없는 검사 스폰서 활동 중 하나였다고 주장했다.

검사실에서 촌지를 직접 건넨 일도 있고, 경남 사천의 명물인 쥐치포 상자에 넣어 전달하기도 했다. 정 씨의 증언이다.

"촌지를 주는 날에는 어김없이 경리를 시켜 신권으로 바꾼 뒤 봉투에 담았다. 그리고 수행비서와 함께 벤츠를 몰고 검찰로 갔다. 지금은 검사실이 많이 오픈open돼 있지만, 당시에는 폐쇄돼 있었다. 촌지를 내놓으면 '이렇게 또 주면 우짜나?' 그러면서도 대부분 자연스럽게 받았다."

'스폰서 인계'라는 것도 있었다. 전임자가 후임자에게 '스폰서'를 소개해주는 일을 가리키는데, 이로 인해 순환 근무 속에서도 '검사와 지역 유지'의 유착관계가 지속됐다.

검사들은 진주에서 부산으로, 부산에서 진주로 '원정 접대'도 다녔다. 그때마다 경찰 고속도로순찰대가 이들을 호위했다. 순찰대 차량에는 부산의 한 모델에이전시에 소속된 모델들도 타고 있었다. 정 씨는 "검사들이 술집 여성보다 모델들을 더 선호했다"라며 "한 검사는 부산의 한 여대생을 애인으로 두기도 했다"라고 귀띔했다. 지리산 등반에 나선 검사들의 서울행 비행기 시간을 맞추려고 비행기 이륙 시간을 늦춘 일도 있었다.

서울에서도 접대… 쥐치포 상자에
현금 30만 원 넣어 전달하기도

법조 비리 사건이 터질 때마다 흔하게 등장하는 것이 '전별금'이다. 전별금이란 근무지를 다른 곳으로 옮기는 이에게 남아 있는 사람들이 이별의 정을 나타내기 위해 주는 돈을 말한다. 그런데 순환 근무가 원칙인 검찰의 세계에서 전별금은 '승진해서 다시 왔을 때 잘 봐달라'는 청탁성 뇌물로 작용할 가능성도 없지 않다. 특히 전별금을 제3자가 줬을 경우 그럴 가능성은 더욱 높아진다.

검사 스폰서를 자임했던 정 씨는 다른 사람들과 달리 '특별한 전별금'을 마련해 떠나는 검사들에게 전달했다. '순금 마고자 단추'였는데, 이는 '내가 당신의 스폰서였다는 것을 잊지 말라'는 일종의 정표情表였다.

"진주 중앙동에 귀금속 가게가 있었다. 지금은 없어졌는데, 그곳에 순금 마고자 단추를 50세트씩 주문해놓았다가 떠나는 검사들에게 줬다(서(3) 돈짜리 2개씩). 보통 '행운의 열쇠'를 선물하는데, 저는 특별한 정표로 순금 마고자 단추를 준비했다. 그 정도면 평생 기억에 남을 것이라고 생각했다. 전별할 때도 검사들을 이렇게 완벽하게 모셨다."

지역에 근무하던 검사들이 서울로 올라가도 정 씨의 검사 스폰서 생활은 계속됐다. 서울에서는 '금품-향응'이 한 묶음이었다.

"잘나갈 때는 한 달에 한두 번 정도 서울에 올라갔다. 서울 역삼동

'오죽헌'이라는 곳에서 검사들을 접대했다. 그들은 다른 검사들과 함께 나왔다. '2차'는 물론이고 30만 원의 현금이 담긴 삼천포 쥐치포 한 상자도 건넸다."

성 접대 경로:
횟집, 갈빗집→룸살롱→2차

정 씨는 더 심각한 것은 '성 접대'였다고 주장한다. 검사들과 회식하는 날에는 2차(성 접대를 가리키는 용어)를 내보냈다는 것이 정 씨의 주장이다. 그에 따르면 반복되는 성 접대의 경로는 단순했다. 먼저 횟집(혹은 일식집)이나 갈빗집에서 1차를 한 뒤 2차로 고급 룸살롱에 간다. 이어 룸살롱에서 '양폭(맥주에 양주를 섞은 폭탄주)'을 마신 뒤 근처 모텔 등으로 옮겨 성 접대를 받는다는 것이다. 그는 수기 자료에서 "몇 분 정도 빼고 술집 아가씨와 잠자리 안 한 분(검사)이 없었다"라고 주장했다.

물론 아주 이례적인 경우이긴 하지만, 지역에서든 서울에서든 성 접대만은 끝까지 거부했던 검사도 있었다고 한다. 문규상 전 안산지청장이 대표적이다. 정 씨는 "문 검사는 술은 마셔도 2차는 한 번도 안 나갔다"라고 회고했다.

정 씨는 20여 년 동안 자신의 '핵심 스폰(향응·금품) 대상'은 수십 명이었다고 주장했다. 10년 동안 써온 그의 핸드폰에 저장돼 있는 검사들의 전화번호만도 40개가 넘었다. 정 씨의 수기 자료를 면밀히 검토한 결과, 그가 향응, 금품을 줬다고 기록한 전·현직 검사들은 50~60명에 달했다. 정 씨는 이러한 자료를 국회 법제사법위원회(법사위) 소속 민주당 의원들에게도 전달했다.

정 씨의 추정에 따르면, 촌지와 행사·회식 지원비, 성 접대비 등에 들어간 비용은 10억 원에 이른다. 물가 상승률 등을 헤아리면 이는 현재 100억 원에 해당하는 금액이라는 것이 그의 주장이다. 그는 진정서에도 "지난 25여 년간 감수한 100억 원"이라고 적었다. 정 씨는 (노무현 전 대통령을 후원한) 박연차 태광실업 회장만 돈을 쓴 게 아니다"라며 "제가 박 회장보다 검사도 더 많이 알고 돈도 더 많이 썼을 것"이라고 말했다.

"접대 관행은 쉽게 없어지지 않을 것이다. 왜냐하면 밑에 있는 검사들한테 밥 사주고, 술 사주고, '스폰'을 받을 수 있어야 윗사람으로서 권위를 인정받기 때문이다."

"검찰의 압박-별건-짜 맞추기 식 수사 알리고 싶었다"

그렇다면 왜 정 씨는 그제야 '폭로'한 것일까? 원래 그는 4년 전인 2006년 폭로를 처음 결심했다고 한다. '검찰의 실체'를 깨닫게 해준 한 건의 사건 때문이었다.

당시 정 씨는 미니골프장을 건설하는 과정에 자금난을 겪고 있었다. 그러던 차에 술집을 하는 고향 후배를 만나 투자를 권유했고, 그 후배는 우선 1,800만 원을 정 씨에게 건넸다. 그런데 그 후배가 성매매 사건으로 구속됐다가 검찰에서 "정 씨에게 검찰 로비 자금으로 2,000만 원을 건넸다"라고 진술했다. 결국 정 씨는 변호사법 위반으로 긴급 체포됐다. '전직 도의원이 2,000만 원의 뇌물을 받았다'는 혐의였다.

정 씨는 구속 적부심에서 풀려났지만, 최종적으로는 불구속 기소됐다. 재판부도 애초 그가 받은 1,800만 원보다 많은 2,000만 원을 뇌물로 인정해 그에게 집행유예를 선고했다. 하지만 그는 유죄를 인정할 수 없었다. 정 씨는 "이렇게 검찰에 뒤통수를 맞고 폭로를 준비했다"라고 말했다.

"제가 '전직 도의원'이니까 검찰이 한 건 하려고 짜 맞추기 수사를 한 것이다. 저 같은 사람도 이렇게 당하는데 일반 사람들은 어떻겠나?"

하지만 정 씨는 바로 폭로에 들어가지 못했다. 변호사들이 "집행유예가 나왔으니까 더 이상 시끄럽게 할 필요가 없다"라며 만류했다. 그로부터 4년이 지나서야 폭로가 이뤄졌다.

정 씨는 검찰에 낸 진정서에 "압박 수사, 별건 수사, 짜 맞추기 식 수사에 의한 기소편의주의만 생각하는 이기적 집단인 검찰의 행태를 바르게 알리고자" 폭로를 결심했다고 적었다. 그런 진정성을 인정하더라도 최초의 '배신감' 때문에 폭로를 결심한 것도 사실이다. 20여 년간 검사 스폰서로 활동해온 자신에게 검찰이 짜 맞추기 식 수사를 하자 폭로를 통해 '분풀이'를 시도했다는 얘기다. 하지만 그의 폭로가 분풀이에서 시작됐더라도 검사와 지역 건설업자의 유착에서 생겨난 검사 스폰서의 실체를 드러낸 것만은 분명하다.

스폰서 검사에게 면죄부만 준
검찰 진상조사와 특검

검찰(부산지검)이 검사 스폰서 정용재 씨의 진정서를 접수하고도 제대로 수사하지 않는 동안 MBC「PD수첩」(최승호 피디)과『시사IN』(정희상 기자),『오마이뉴스』(구영식 기자)가 취재에 돌입했다. 검사와 스폰서 사건의 실체를 밝히기 위한 '삼각 편대'였다. 2010년 4월 중순『오마이뉴스』, 「PD수첩」,『시사IN』순으로 관련 기사가 출고됐고, 파장이 컸다. 그중에서도 MBC「PD수첩」보도의 영향력이 가장 컸다.

최승호 피디는 정용재 씨가 검사들을 접대한 룸살롱을 찾아가고, 2차 성 접대를 한 여종업원과 접촉하고, 접대받은 검사들에게 사실 여부를 확인했다. 그는 나중에『오마이뉴스』와 한 인터뷰에서 "이렇게 많은 룸살롱을 가본 것도 처음"이라며 "사실을 확인하기 위해 아가씨를 부르고 술을 마셔야 했던 것도 고역이었다"라고 털어났다. 특히 검사들에게 사실 여부를 확인하는 과정은 정말 어려웠다. 다음은 최승호 피디의 증언이다.

"전화 통화도 잘 안 되고, 그나마 전화를 받으면 바로 끊어버리고…. 개별 검사들은 그렇다고 해도 검찰 조직도 취재에 응하지 않았다. 대검에 질문지를 보내도 답변하지 않고 무시했다. 대검에 10여 차례 전화를 했지만 '모른다'라거나 '담당자가 없다'라는 말만 돌아왔다. 참 답답했다. 검찰은 '검사와 스폰서'가 1편부터 3편까지 방영되는 동안 시종일관 답변하지 않았다. 답변을 안 해도 되고, 안 하는 게 당연하다고 생각하는 것 같다. 이것은 언론을 무시하고, 곧 국민을 무시하는 행위다. 국민을 두려워하는 마음이 없으니까 '맘대로 방송하라'는 식이다."

"당신이 뭔데?"
무소불위 검사장이 언론을 대하는 태도

최승호 피디와 박기준 당시 부산지검장의 통화 내용이 그대로 방송 전파를 타며 검사와 스폰서 사건의 파장은 더욱 증폭됐다. 박기준 지검장은 최승호 피디와의 전화 통화에서 "(정용재 씨를) 한두 번 만난 적은 있는데 (촌지를 받고, 성 접대를 받은) 그런 일은 없다"라고 일축했다. 오히려 "전과도 있고 자신의 범행에 대해 전부 거짓말을 하는 사람의 말을 가지고 검사들한테 왜 자꾸 묻는 거요?"라고 역정을 냈다. "당신한테 경고했을 거야", "당신이 뭔데? 내가 당신한테 답변할 이유가 있어?" 등 언론을 무시하는 '무소불위 검사장'의 발언은 국민에게 '무소불위 검찰 권력'의 실체를 그대로 각인시켰다.

"그걸 왜 확인을 하는데?"
— *그분 주장이.*

"아니라고 이야기하는데 그래서 내가 경고를 하잖아요. (중략) 제가 다른 사람을 통해서 당신한테 경고했을 거야. 그러니까 뻥긋해서 쓸데없는 게 나가면 물론 내가 형사적인 조치도 할 것이고 그다음에 민사적으로도

다 조치가 될 거예요."

— 여쭤보고 싶은 게 있는데 그 질문을 드릴 수조차 없도록 하시면서 지금 경고만 하시니까 제가 좀 그렇네요.

"그리고 내가 당신한테 답변할 이유가 뭐 있어? 당신이 뭔데?"

— 아니, 그러면 제가 무슨 근거로.

"아니, 네가 뭔데? 너 저기, 무슨, 피디야?"

— 예.

"피디가 검사한테 전화해서 왜 확인을 하는데?"

나중에 박기준 지검장은 법무부 장관을 상대로 면직 처분 취소 청구 소송을 냈다가 패소했는데, 당시 1심 재판부는 "국민적 관심사가 된 스폰서 검사에 대한 취재 과정에서 취재진에게 반말과 막말을 해 검사가 무소불위의 권력을 휘두른다는 인상을 남겼다"라고 질타했다.

검찰 진상규명위원회, 특검 수사 있었지만…
면죄부만 줬다

'검사와 스폰서' 보도는 결국 검찰 진상규명위원회(위원장 성낙인 서울 대 법대 교수)와 특검(민경식) 수사로 이어졌다. 하지만 검찰 진상규명위원회의 조사 과정부터 문제투성이었다. 검찰은 정용재 씨의 핸드폰에 저장된 주변 사람들의 전화번호를 확보한 뒤 압수수색과 계좌 추적 등을 진행했다. 심지어 정용재 씨 팔순 노모의 친구까지 검찰 조사를 받았다. 정작 조사 해야 할 검사들은 제대로 조사하지 않고 정용재 씨와 그의 주변을 먼지 털기 식으로 샅샅이 뒤진 것이다. 검찰은 이렇게 제보자인 정용재 씨와 증인들에게는 가혹했고, 검사들은 봐주기로 일관했다.

문제투성이였던 조사 과정만큼이나 결과도 초라했다. 먼저 검찰 진상규명위원회는 박기준 지검장과 한승철 대검 감찰부장을 포함해 현직 검사 10명을 징계하고, 징계 시효가 지난 검사 7명을 인사 조치했으며, 비위 정도가 경미한 검사 28명에게는 엄중 경고할 것을 검찰총장에 건의했다.

박기준 지검장은 정용재 씨의 진정서를 받았음에도 상부에 보고하지 않아 검찰의 보고 의무를 위반했고, 정 씨 동생으로부터 집무실에서 선처 청탁을 받는 등 사건 관계인을 사적으로 만나 검사윤리강령을 위반했다고 판단했다. 한승철 감찰부장은 정용재 씨로부터 100만 원의 뇌물을 받은 사실이 확인됐다.

정용재 씨가 주장한 향응 수백 회는 그중 10여 회만 인정했고, 100건도 넘을 것이라는 성 접대도 단 한 건만 인정했다. 검사와 스폰서 사건의 실체나 규모를 한참이나 비켜간 결과였다. 이로 인해 "진상규명이 아니라 진상 축소, 더 나아가 진상 은폐다"라는 지적이 나왔다. 당시 최승호 피디는 이렇게 지적했다.

"아주 오래된 사건이라 객관적 증거를 찾기 어려워 처벌하는 데 한계가 있지만 검찰이 철저하게 반성한다'라고 고백했다면 이해할 수 있었을 것이다. 하지만 찾을 수 있는 증거도 찾지 않았다. 인터넷에 치면 나오는 식당을 '오래전에 없어졌다'라고 발표했다. 또 성 접대 의혹을 받는 검사가 100여 명인데, 한 명(김철 부장검사)만 인정했다. 검찰 진상규명위원회 등은 '사실이 아니다', '믿기 어렵다' 이런 쪽으로 몰고 갔다. 이번 사건은 검찰이 스스로 견제하는 데 근본적인 한계가 있음을 극명하게 보여준 사례다."

실제로 검찰 진상규명위원회가 없어졌다고 했던 대표적인 접대 장소 '가산횟집'은 35년째 계속 영업 중이었고, 인터넷 검색만으로도 장소를 쉽게 찾을 수 있었다. 또한 검찰 진상규명위원회는 "제보자인 정 씨가 같은 회식 자리에 참석했다고 지목한 부장검사 3명은 근무 기간이 서로 달라 동일 회식 참석이 불가능하다"라고 발표했는데, 이들은 모두 부산의 같은 지청에서 근무했던 것으로 확인됐다. '검찰 봐주기' 수사를 결심하지 않고서는 나올 수 없는 문제점들이었다.

민경식 특검은 한승철 감찰부장과 현직 부장검사 2명, 평검사 1명 등 전·현직 검사 4명을 불구속 기소하는 선에서 수사를 마무리했다. 박기준 지검장의 소개로 정용재 씨를 만난 한승철 감찰부장의 뇌물수수 혐의는 인정했다. 한승철 감찰부장이 창원지검 차장검사로 재직할 때 주재한 회식에서 식사비와 술값 140만 원, 현금 100만 원 등 모두 240만 원의 뇌물을 받았다는 것이다(검찰 진상규명위원회에서는 '100만 원'이라고 판단했다).

하지만 특검이 검사와 스폰서 사건의 핵심 인물이라고 지목한 박기준 지검장은 공소시효가 지났다는 이유로 형사처벌을 면했다. 박기준 지검장이 정용재 씨의 진정서 네 건을 접수하고도 상부에 보고하지 않은 채 "내사 사건의 템포를 늦춰라"라고 차장검사에게 지시했던 직권남용 혐의도 무혐의 처분했다.

이와 함께 검사들의 접대 일지가 담긴 진정서를 접수하고도 이를 묵살한 황희철 법무부 차관도 '혐의 없음'으로 결론 내렸다. 황희철 차관이 직무유기 차원에서 진정서를 묵살했다고 볼 정황증거를 확보하지 못했다는 이유를 댔다. 특검 수사에서 새롭게 제기된 정 아무개와 조 아무개 현직 검사장의 향응 수수 혐의도 서면조사만 진행한 뒤 내사 종결했다. 정용재 씨의 진술 신빙성이 떨어지고 공소시효가 지났다는 이유였다.

게다가 검찰 진상규명위원회가 인정했던 '단 한 건의 성 접대'도 무혐의 처분했다. "성역 없는 수사"를 다짐했던 특검마저도 스폰서 검사들에게 면죄부만 준 것이다.

은폐, 축소, 개인 사찰, 보복 수사

정 씨는 "검찰이 제 식구 감싸기로 일관해 수사가 축소, 은폐됐다"라며 "검찰에 불리한 사실들은 전혀 조사하지 않았다"라고 주장했다. 그는 2010년 12월 7일자 일기에 이렇게 썼다.

"4월 20일 「PD수첩」 방송 이후 국민, 언론들이 큰 관심을 가져주시고 저를 격려해주셨다. 하지만 진상규명위원회, 특검 등의 수사는 모든 관련 검사에게 면죄부를 주는 결과가 됐다. 은폐, 축소, 개인 사찰, 보복 수사…."

정 씨는 "제가 의도했던 목적은 하나도 이뤄지지 않았다"고 말하며 특히 검찰의 먼지 털기 식 수사에 치를 떨었다.

"H건설에 다니던 친구가 있었다. 그 친구가 「PD수첩」에 증언을 했는데 어떻게 알았는지 검찰이 방송 직후 그를 잡으러 왔다고 한다. 게다가 H건설 쪽에 그 친구를 자르라고 압력을 넣어서 직장까지 잃을 뻔했다. 또 A 선배의 초등학교 3학년 아들 명의로 개설된 계좌까지 추적했다. 당시 A 선배는 검찰 고위간부와의 술자리에 동석했다는 사실을 증언했다."

정 씨는 지난 2010년 12월 8일자 일기에도 "지금 이 시간에도 공소시효가 다 지난 것까지 싹쓸이 먼지 털기 수사가 계속되고 있다"라며 "국민들이 진정 검찰개혁에 관심을 가져줘야 한다"라고 썼다. 이어 "검찰에 기소권과 수사권을 동시에 준 나라는 한국이 유일하다고 들었다"며 "검경 수사권 조정을 하기에 시기가 이르다는 점은 인정하지만, 그런 무소불위 권력을 경찰과 나눠 가져야 한다"라고 목소리를 높였다.

검찰은 스스로 꾸린 진상규명위원회에서 자신의 치부를 날카롭게 도려냈어야 했다. 특검이라는 외부자가 개입하기 전에 스스로 정화의 계기를 마련했어야 국민의 신뢰를 다시 얻을 수 있었다. 하지만 검찰은 그런 기회를 스스로 차버렸다. 수사권과 기소권을 모두 가진 검찰에는 스스로 견제할 장치도, 의지도 없었다. 오죽했으면 "검찰 진상규명위원회는 '진상은폐위원회'이고, 특검은 '진상은폐위원회의 나팔수'다"라는 비난까지 나왔을까?

박기준 지검장은 패소,
한승철 부장은 승소해 검찰 복귀

검사와 스폰서 사건 이후 법무부는 징계위원회를 열어 박기준 지검장과 한승철 감찰부장의 면직을 결정했다. 검사징계법에는 해임, 면직, 정직, 감봉, 견책 등의 징계가 있는데, 면직은 3년간 변호사 개업이 금지되고 퇴직금의 25퍼센트가 깎이는 해임보다 한 단계 낮은 징계다. 징계위원회는 "이들에게 해임 처분을 내리는 것은 과거 징계 사례를 볼 때 과하다"고 판단했다. 이에 박기준 지검장은 "검사장으로서 적법한 업무 수행을 했다"라며 법무부 장관을 상대로 면직 처분 취소 소송을 냈지만 패소했다. 항소심에서도 패소했다. 1심 재판부는 판결을 통해 이렇게 지적했다.

"정용재 씨와 오랫동안 부적절한 친분관계를 유지해오다 여러 경로로 정 씨가 검사들에게 장기간 향응, 접대를 했다는 의혹과 관련된 정보를 보고받았음에도 검사장으로서 철저한 수사 지시를 통한 의혹 규명 노력을 제대로 하지 않았고, 오히려 사적 접촉과 부당한 청탁으로 대외적으로 검찰 조직이 의혹을 은폐하려 한다는 부정적 이미지를 증폭시켰다. (「PD수첩」의) 취재 과정에서도 반말과 막말로 검사가 무소불위 권력을 휘두른다는 인상을 남기고 정 씨의 검사 접대 의혹 폭로를 무마하려는 시도까지 해 국민들이 검찰 전체의 공정성을 의심케 했다."

반면 한승철 감찰부장은 불구속 기소 이후 무죄를 선고받았고, 박기준 지검장처럼 면직 처분 취소 소송을 내서 승소했다. 재판부는 "한승철 전 검사장이 능동적으로 향응을 수수했다고 보이지 않고 그 금액도 100만 원 정도에 불과해 면직 처리한 것은 재량권을 일탈, 남용한 것"이라고 판시했다. 법무부가 상고를 포기해 '검사의 유배지'라는 법무연수원 연구위원으로 복직했다가 석 달 만에 사직했다. 또한 황희철 차관은 검찰을 떠난 이후 김앤장법률사무소 변호사로 활동했고, 윤석열 정부에서는 대한변협 법률구조재단 이사장에 선출됐다.

정용재는 '법무부 요시찰 인물'… 24시간 감시했다

한편 정 씨는 교도소에서 '요시찰 인물'이었다. 보통 재소자의 등급을 S1~S4로 나누는데, 정 씨는 S3등급이었다고 한다. 중형을 선고받은 사람들과 같은 등급을 받은 것이다.

정 씨는 "교도소에서는 감시 카메라로 저를 일거수일투족 감시했다"라며 "감방에서 대소변을 보고, 식사를 하고, 자면서 코 고는 것까지 다 체크해서 법무부에 보고한 것으로 안다"라고 주장했다. 정 씨는 지난

2008년 경찰 승진 로비와 사건 무마 명목 등으로 총 7,400만 원을 받은 혐의(변호사법 위반)로 구속돼 복역 중이었다. 그런데도 교도소에서 그를 엄격하게 관리한 것은 그가 스폰서 검사 명단을 폭로한 인물이었기 때문이다.

"그렇게 감시하는 것 때문에 아주 힘들었다. 기자들이 면회 오면 면회가 안 됐다. 면회하는 동안 녹음도 하고, 담당자가 와서 대화 내용을 기록했다. 편지도 다 검열했다. 편지를 본 뒤에 검찰을 비판하는 부분 등이 있으면 빼달라고 사정했다. 이런 경우가 수도 없이 많았다."

정 씨는 약 2년간의 감옥 생활을 통해 재소자 인권에도 관심을 갖게 됐다. 그는 "전국 50여 개 교도소에서 이뤄지고 있는 '재소자 징벌 방식'이 반드시 바뀌어야 한다"라며 "재소자들이 출소하는 저에게 강력하게 부탁했던 것이다"라고 말했다.

"교도관과 재소자가 다투는 경우가 있다. 그럴 경우 '선조사수용 후 조치'를 해야 한다. 하지만 잘못을 밝히기도 전에 재소자를 징벌방으로 옮기고 수갑과 쇠사슬을 채운다. 당연히 면회와 서신, 신문 구독, 텔레비전 시청, 목욕, 사제품 구매 등이 금지되고, 식사도 반으로 줄어든다. 식사하거나 화장실에 가는 경우만 제외하고 24시간 묶어놓는다."

2장

검찰의 진화: 견검, 떡검, 섹검, 겁검

약자에게 풍자는 억압된 현실에 저항하거나 버티는 '무기'였다. 민주화 이후 검찰의 힘이 더욱 세졌다는 '민주화의 역설'을 겪고 있지만, 그에 비례해 검찰을 향한 시민들의 풍자와 조롱도 더욱 세졌다. 이는 인터넷 공간의 발달에 힘입은 바 크다. '견검'이니 '떡검'이니 하는 말들이 나돌더니 '섹검'이라는 아주 에로틱한 신조어까지 등장했다.

'섹검'은 정용재 씨가 지난 2010년 '검사와 스폰서 사건'을 폭로하면서 만들어진 용어다. 여기에는 스폰서로부터 술 접대는 물론이고 성 접대까지 받은 검사들을 조롱하고 경멸하는 뜻이 담겨 있다. 가장 최근에는 '겁검'이라는 용어도 생겨났다. 검찰이 한명숙 전 총리의 유죄를 입증하려고 증인을 '겁박'한 것을 풍자한 말이다. '미네르바 사건'처럼 검찰이 인터넷 여론까지도 '억압'하는 현실이지만 시민들의 풍자는 여전히 살아 있는 셈이다.

견검

검찰의 심벌마크를 보면 5개의 직선(기둥)이 나란히 배치돼 있다. 대나무에서 따온 이 5개의 직선은 각각 정의와 진실, 인권, 공정, 청렴을 뜻한다. 검찰이 내세우는 가치를 이런 식으로 형상화한 것이다. 하지만 과거든 현재든 검찰의 모습에서 이런 가치들을 찾기는 쉽지 않다.

1945년 8월 해방되고 검찰이 조직된 이후부터 지금까지 검찰은 '권력의 하수인(시녀)'이라는 오욕의 역사에서 벗어나지 못했다. '정치검찰'은 권력의 하수인의 다른 말이었다. 누리꾼들은 '권력을 위해 짖어대는 검찰'이라는 뜻에서 이들을 '견검'이라 불렀다. 친일파가 득세했던 이승만 정권, 군사 쿠데타로 집권한 박정희·전두환 정권 시기에 검찰은 결코 '정의'롭거나, '진실'을 추구하거나, '인권'을 보호하거나, '공정'하거나, '청렴'하지 않았다.

검찰의 견검 성향은 군부 권위주의 정권에서 도드라졌다. 당시 검찰은 중앙정보부(중정)와 그것의 후신인 안전기획부(안기부)의 통제와 지휘를 받았다. '권력의 하수인의 하수인'이었던 셈이다. 특히 박정희 정권에서는 '동백림 사건'이 대표적이었다. 당시 검찰은 중정이 작성한 발표문을 그대로 옮겨 공소장으로 만들었고 관련 인사들을 기소했다. 삼성그룹 설립자인 이병철 회장의 '사카린 밀수 사건'이 터졌을 때도 검찰은 중정의 지휘를 받아 움직였다.

전두환 정권 때도 마찬가지였다. 1986년 '부천서 성고문 사건'이 터졌을 때 검찰은 성고문 혐의는 없고, 폭언과 폭행에 의한 가혹 행위만 있었다면서 기소유예 결정을 내렸다. 심지어 검찰총장은 권인숙 씨의 '성고문 폭로'를 "급진좌파 사상에 물든 자가 공권력을 무력화시키려는 의도"라고 반박했다. 그런데 당시 검찰총장이 읽은 이 반박문은 중정의 후신인 안기부와 문화공보부에서 작성한 것이었다.

한홍구 성공회대 교수는 "검찰은 기소권의 독점, 기소편의주의 등 법에 보장된 무소불위의 권한 때문에 강력한 힘을 갖고 있으나 1980년대까지는 경찰, 중정(안기부), 군(보안사 등)의 위력에 눌려 단순한 법적 실무자 집단으로 권력에 기생했다"라고 지적했다.

민주화의 역설과 검찰공화국

그런데 민주화의 역설이 나타났다. 군부 권위주의 정권에서 완전히 벗어나 김대중·노무현 정권 등 '민주파'가 집권한 시기에 오히려 검찰의 권력은 더욱 강해졌다. '검찰공화국'이라는 말도 이 시기에 나왔다. 지난 2011년에 출간된 『검찰공화국, 대한민국』(하태훈·김희수·오창익·서보학, 삼인)은 이렇게 분석했다.

"민주파가 집권한 10년 동안 검찰은 정치적 독립성을 상당한 정도로 확보했다. 그동안 검찰은 정권의 하위 파트너로 기생했지만, 민주파 집권 후반기 들어 검찰은 정권과 대등한 파트너로 성장하게 된다. 한동안 검찰은 중정, 안기부 등의 이름을 가진 비밀 정보 기관이나 보안사, 또는 경찰의 위세에 밀리기도 했지만 전두환·노태우 정권 시기부터 힘을 쌓아왔다. 민주파 집권 시기에 검찰은 빠른 속도로 성장했고, 파워엘리트 집단으로 막강한 힘을 발휘하게 되었다."

하지만 정권과 유착하지 않으면 검찰도 '독자적인 권력'을 유지하기 힘들다. BBK 사건과 도곡동 땅 실소유 의혹 사건(2007년), 박연차 게이트(2009년), 한명숙 전 총리 5만 달러 수수 사건(2010년) 등은 여전히 살아 있는 검찰의 견검 성향을 잘 보여준다.

검찰은 지난 2007년 대선의 최대 쟁점이었던 BBK 사건, 도곡동 땅 실소유 의혹 사건 등과 관련해 '무혐의(불기소)' 처분을 내렸다. 두 사건은 이명박 당시 한나라당 대선 후보에게 치명적인 것이었다. 하지만 이 후보의 당선이 확실해지던 때 검찰은 무혐의 처분을 통해 이 후보에게 면죄부를 내줬다. 지난 1997년 대선 당시 김태정 검찰총장이 'DJ 비자금 사건' 수사 유보를 발표했던 장면을 떠올린다.

검찰의 박연차 게이트 수사는 노무현 전 대통령을 죽음으로 내몰았다는 비판을 받았다. 노 전 대통령이 박연차 회장으로부터 돈을 받았다는 '직접증거'가 없었음에도 검찰은 무리하게 노 전 대통령을 소환 조사했다. 촛불의 배후로 노 전 대통령을 지목하고 친노 진영을 고사시키기 위한 '표적 수사'라는 해석이 뒤따랐다. 하지만 그 치욕을 견디지 못한 노 전 대통령은 소환 조사를 받은 지 20여 일 만에 부엉이바위에서 뛰어내려 생을 마감했다. 살아 있을 때 노 전 대통령은 검찰의 행태를 이렇게 개탄했다.

"검찰 자체가 정치적으로 편향되어 있으면 정치적 독립을 보장해줘도 정치적 중립을 지키지 않는다. 정권이 바뀌자 검찰은 정치적 중립은 물론이요 정치적 독립마저 스스로 팽개쳐버렸다."(노무현재단 엮음, 『운명이다』, 돌베개, 2010년)

법원의 무죄판결 앞에 고개 숙인 견검

한명숙 전 총리의 5만 달러 수수 의혹 수사는 견검의 절정이었다. 검찰은 한 전 총리가 지난 2006년 12월 총리 공관에서 곽영욱 전 대한통운 사장에게서 5만 달러를 받았다며 2009년 12월 불구속 기소했다. 하지만 법원은 지난 2010년 4월 "곽 전 사장 진술의 신빙성이 의심된다"며 무죄를 선고했다. 검찰은 야당의 유력한 서울시장 후보였던 한 전 총리를 무리하게 기소했다는 비난에 직면했다.

하지만 견검의 탁월한 특징은 '묻지 마 물어뜯기'에 있는 법이다. 검찰은 한 전 총리의 무죄가 선고되기 하루 전 '또 다른 사건'을 터뜨렸다. 한 전 총리가 한만호 전 한신건영 대표에게서 불법 정치자금 10억 원을 받았다는 것이었다. 하지만 한 전 대표가 법정에서 "한 전 총리에게 돈을 준 적이 없다"라고 검찰 진술을 뒤집었다. 검찰은 한 전 총리와 관련된 두 건의 기소를 통해 '한명숙 흠집 내기'에 성공했는지는 모르지만, 검찰 수사력의 측면에서는 치명적인 문제점을 드러냈다. 최고의 수사력을 자랑한다는 서울중앙지검 특수1부에서 지휘한 사건이라는 점에서 더욱 그렇다. 그런 문제점까지 드러내면서 무리한 표적 수사를 진행하는 것은 검찰 스스로 견검임을 인정하는 셈이다.

이명박 정부 아래서 진행된 ▲'광우병' 보도 MBC「PD수첩」제작진 수사와 기소 ▲ 조중동 광고주 불매운동 기소 ▲ 촛불집회 참가자들 무더기 기소 ▲ 정연주 전 KBS 사장 수사와 기소 ▲ 인터넷 논객 미네르바 구속과 기소 등도 정권의 뜻을 충실하게 받든 사건들이다.『검찰공화국, 대한민국』의 저자들은 "김용철 변호사의 폭로로 불거진 삼성의 검찰 로비 실태 공개로 위기를 맞았던 검찰과 대통령 선거 과정에서 BBK 사건 등으로 위기를 맞았던 이명박 후보의 핵심 세력이 서로의 안전을 담보해주면서 공생의 길을 찾은 것"이라고 풀이했다. 하지만 견검은 법원의 무죄판결(「PD수첩」제작진, 정연주 전 사장, 미네르바 등) 앞에서 고개를 숙여야 했다.

떡검과 삼성

김준규 전 검찰총장이 지난 2010년 5월 12일 사법연수원 특강에서 이렇게 말했다가 여론의 뭇매를 맞았다.

"권력과 권한을 견제하는 것은 맞지만 검찰만큼 깨끗한 데를 어디서 찾겠습니까?"

'떡값을 받는 검사'를 가리키는 말인 '떡검'의 실체를 알고 나면 나올 수 없는 발언이었다. 의정부 법조 비리 사건(1997년)과 대전 법조 비리 사건(1999년) 등에 공통으로 등장하는 것이 바로 떡검이다. 특히 법조3륜 (검사-판사-변호사)을 뒤흔들었던 대전 법조 비리 사건의 경우 한 변호사로부터 전별금과 떡값 등의 명목으로 돈을 받은 검사는 총 25명으로 드러났다. 특히 100만 원 이상 받은 검사만 해도 13명에 이르렀다. 하지만 떡검이란 말이 널리 대중화된 계기는 노회찬 전 의원이 삼성으로부터 떡값을 받은 검사들의 명단을 공개한 '사건'이었다. 삼성의 검찰 인맥 관리와 연관이 있는 셈이다.

대선을 앞둔 1997년 9월 9일 한 호텔 일식집에서 홍석현 『중앙일보』 사장과 이학수 삼성그룹 비서실장이 만났다. 두 사람은 대선 후보들과 검찰 주요 간부들에게 돈을 얼마씩 줄지를 논의했다. 이들의 입에서 법무부 차관, 대검 수사기획관, 서울고검 차장검사, 서울지검장, 서울지검 차장검사, 서울지검 부장검사 등 현직 검찰 간부와 전직 법무장관 이름이 거론됐다.

그런데 안기부의 도청 조직인 '미림팀'이 이러한 대화 내용을 녹음했다. 미림팀의 녹음테이프와 녹취록은 미림팀장(공운영)과 한 재미교포(박인회)를 거쳐 2004년 12월 이상호 MBC 기자에게 건네어졌다. 이 기자는 7개월 뒤인 2005년 7월 홍석현 사장과 이학수 실장의 대화 내용을 특종 보도했다. 이후 『월간조선』은 두 사람의 대화 내용을 모두 수록했고(9월호), 노회찬 당시 민주노동당 의원은 대화 내용뿐만 아니라 7인의 '떡값 검사' 명단까지 공개했다. 김두희·최경원 전 법무부 장관, 한부환·김상희 전 법무부 차관, 안강민 전 대검 중수부장, 김진환 전 서울지검장, 홍석조 광주고검장 등이 '7인의 떡검'이었다. 다음은 당시 노 의원이 공개한 녹취록의 일부인데, 삼성이 어떻게 검찰을 관리해왔는지를(즉, 떡검의 실체를) 생생하게 증언해주고 있다.

홍석현 "아, 그리고 추석에는 뭐, 좀, 인사들 하세요?"

이학수 "할 만한 데는 해야죠."

홍석현 "검찰은 내가 좀 하고 싶어요. K1들도. 검사 안 하시는 데는 합니까?"

이학수 "아마 중복되는 사람들도 있을 거예요."

홍석현 "김○○도 좀 했으면."

이학수 "예산을 세워주시면 보내드릴게요."

홍석현 "정○○, 정 상무. 상무가 아니라 뭐라고 부릅니까?"

이학수 "전무대우 고문이지요. 정 고문. 그 양반이 안을 낸 것 보니까 상당히 광범위하게 냈던데, 중복되는 부분은 어떻게 하지요? 중복돼도 그냥 할랍니까?"

홍석현 "뭐, 할 필요 없지요. 중복되면 할 필요 없어요. 갑자기 생각난 게, 목요일 날 김두희하고 상희 있잖아요."

이학수 "(리스트에) 들어 있어요."

홍석현 "김상희 들어 있어요? 그럼 김상희는 조금만 해서 성의로써 조금 주시면 엑스트라로 하고… 그담에 이○○는 그렇고, 줬고. 김두희 전 총장은 한둘 정도는 줘야 될 거예요. 김두희는 2,000 정도. 김상희는 거기 들어 있으면 500 정도 주시면은 같이 만나거든요… (홍)석조한테 한 2,000 정도 줘서 아주 주니어들, 회장께서 지시하신 거니까, 작년에 3,000 했는데, 올해는 2,000만 하죠. 우리 이름 모르는 애들 좀 주라고하고. 그다음 생각한 게 최경원."

이학수 "들어 있어요."

홍석현 "들어 있으면 놔두세요. 한부환도 들어 있을 거고. 이번에 제2차장 된, 부산에서 올라온 내 1년 선배인, 서울 온 2차장, 연말에나 하고. 지검장은 들어 있을 테니까 연말에 또 하고. 석조하고 주니어들하고. 김상희 들어 있더라도 내가 만나니까 500 정도는 따로 엑스트라로. 혹시 안 들어간 사람 있을 테니까. 홍석조하고 만들어 있는 게 있을 수 있으니까. 합치면 4,500이니까 5,000으로. 최경원, 한부환하고 제2차장 들어 있으면 빼고, 안 들어 있으면 그렇게 나름대로 하고…."

'떡검 명단'은 여기서 그치지 않았다. 천주교정의구현전국사제단(사제단)은 지난 2007년 11월 임채진 검찰총장 내정자와 이귀남 대검 중수부장, 이종백 국가청렴위원장(전 법무부 검찰국장) 등 3명의 떡검 명단을 공개했다. 그리고 이명박 정부가 출범한 뒤인 지난 2008년 3월 김성호 전 법무부 장관, 이종찬 전 서울고검장 등을 추가로 공개했다. 하지만 이명박 정부는 김 전 장관을 국정원장, 이귀남 중수부장을 법무부 차관과 장관에 연달아 임명했다. 이 전 고검장은 이미 대통령실 민정수석으로 발탁된 뒤였다. 김용철 변호사는 자신의 저서 『삼성을 생각한다』(사회평론, 2010년)에 "삼성의 관리 대상자 명단이 이명박 정부에서는 출세 보증 수표로 통하는 셈"이라고 썼다.

그랜저 검사, 스폰서 검사

떡검의 변종도 생겨났다. '그랜저 검사'니 '스폰서 검사'니 하는 부류가 그것이다. 정인균 전 부장검사는 지난 2009년 1월 한 건설업자로부터 사건 청탁을 받고 3,400만 원짜리 그랜저 승용차를 받았으나 같은 해 7월 검찰은 이러한 고발 내용을 무혐의 처분했다. 이후 국회 국정감사에서 '봐주기 수사' 의혹이 나오자 김준규 검찰총장이 임명한 특임검사가 재수사를 벌여 "대가성 있는 뇌물"이라고 결론 내렸다. 이에 검찰은 정 전 부장검사를 '특정범죄가중처벌법상 알선수뢰' 혐의(그랜저 승용차와 현금, 수표 합쳐서 4,614만 원의 금품을 수수함)로 구속하는 치욕을 겪어야 했다.

검찰총장 후보자가 스폰서 검사로 드러나 총장 임명 직전에 낙마한 사건도 있었다. 천성관 검찰총장 후보자는 ▲ 강남의 28억 원짜리 아파트 구입 ▲ 기업가와 4박 5일간 부부 동반 해외 골프 여행 ▲ 부인의 3,000달러짜리 샤넬 핸드백 구입 등과 관련해 '스폰서 의혹'을 받았다. 특히 강남 아파트를 구입하기 위해 사업가로부터 빌린 15억 5,000만 원

중 7억 5,000만 원은 차용증도 없는 등 출처가 불분명한 돈이었다.

천 후보자는 출입국 기록과 면세품 구입 내역 등을 내세운 야당의 공세에 밀려 인사청문회가 열린 지 하루 만에 스스로 물러났다. 흥미로운 사실은 천 후보자 인사청문회 준비팀이 스폰서 의혹을 미리 알고 있었다는 점이다. 준비팀이 천 후보자에게 "어떻게 하는 게 좋겠냐?"라고 묻자, 그는 "준비할 필요 없다"라며 "지금까지 대통령이 임명한 검찰총장이 낙마한 경우가 없었다"라고 답했다는 후문이다. 견검과 떡검(스폰서 검사)이 통합된 사례가 아닐 수 없다.

넓게 보면 그랜저 검사나 스폰서 검사는 떡검에 속한다. 떡검은 검찰 인맥 관리 과정에서 만들어지는 유형이다. 특히 떡값을 잘 챙겨줘야 '능력 있는 검사'라는 소리를 듣는 검찰의 조직 문화와도 결부돼 있다. 김용철 변호사는 지난 2006년 월간 『신동아』와 한 인터뷰에서 떡검이 생길 수밖에 없는 검찰 조직 문화를 이렇게 설명했다.

"검사나 수사관들이 출장을 가거나 하면 조금이라도 용돈을 주는 관행이 있어요. 그런 거 잘하는 부장이 능력 있다는 말을 듣는 게 검찰 문화였습니다. (검사 생활을) 어느 정도 하다 보니 돈을 대겠다고, 스폰서를 하겠다고 접근하는 사람도 많았습니다. 선배들이 직접 소개해주는 경우도 있었고. 그런데 그런 예비 스폰서들을 만나는 게 죽기보다 싫더라고요."

그런데 떡검이라는 용어의 적절성을 두고 논란이 일었다. 떡검이 아니라 '뇌검(뇌물검사)'이 정확한 용어라는 주장이 나온 것이다. 아이디가 '니카'인 헌 누리꾼은 "독점적 수사권자인 검사에게 정기적으로 돈을 주는 것은 언젠가 자신이 부탁할 때 잘 봐달라는 것 외에 아무것도 아니다"라며 "떡검이 부르기는 참 다정하지만 사전수뢰죄의 뇌물이 분명한 것이므로 뇌물검사, 뇌검이 맞는 말"이라고 주장했다. 상당히 일리 있는 지적이다. 김용철 변호사의 '삼성 비리' 폭로를 도왔던 사제단도 "뇌물을 떡값으로 부르면서 죄의식을 갖지 못하는 게 우리의 현실"이라고 날카롭게 꼬집었다.

섹검

'섹검'은 2010년 정용재 씨가 검사와 스폰서 사건을 폭로하면서 생겨났다. '섹스'와 '검사'를 결합시킨 신조어로, 스폰서로부터 성 접대를 받은 검사들을 비꼬아 부르는 말이다. 한 누리꾼은 "돈(떡검) 대신 몸을 받는 검사"라고 꼬집기도 했다. 정 씨는 수십 명의 검사들에게 성 접대를 했다고 주장했다. 검사와 스폰서 사건이 터지기 전에 정 씨와 박기준 당시 부산지검 검사장이 나눈 전화 통화는 그의 증언이 사실임을 보여준다.

정용재 "뭐라 해야 되노, 방금 박 검사님 말씀하실 때도 진짜 속된 말로 우리가 술을 한두 번 먹었으며 오입(성매매) 한두 번 했나? 막말로. 원정까지 갔다 오면서."

박기준 "그거는 우리가 지금, 내가 이제 뭐 우리 정 사장 이야기를 하니까 드러내서 그런데, 그거는 우리가 말하지 않고도 서로 이심전심으로 아, 너와 나와의 관계는 그런 정도의 동지적 관계에 있고 서로 우리의 정은 그대로 끈끈하게 유지가 된다, 이런 것은 서로 느끼는 거잖아."

수사검사 출신인 김용원 변호사(현 국가인권위원회 상임위원)는 자신의 저서 『천당에 간 판검사가 있을까?』(서교출판사, 2011년)에 "(판검사들에게) 밥과 술만으로 접대를 하는 것은 많은 경우 참으로 바보 같은 짓"이라며 "여자까지 접대를 하든지, 아니면 헤어질 때 용돈을 쥐어주든지 해야 한다"라고 썼다. 즉, 검사들에게 돈(떡검)을 주거나 성 접대(섹검)를 했을 때 그만큼 관리 효과가 크다는 지적이다.

견검, 떡검, 섹검 등 검찰이 어떻게 진화하든 그들의 관심사는 정의도, 진실도, 인권도, 공정도, 청렴도 아니다. 그들은 철저하게 검찰이라는 조직의 이익에 따라 움직인다. 이는 검찰이 견제받지 않는 권력이기 때문에 가능한 것이다. 이렇게 견제받지 않는 권력은 받들어야 할 국민에게 칼을 겨눈다. 결국 시민의 통제가 가능한 방향으로 검찰개혁이 반드시 이뤄져야 한다.

3장

정치검찰에서 검찰정치로, 검찰정치에서 검찰정권으로

검사 출신인 윤석열 대통령은 헌정사에 전무후무한 사례로 기록될 것이다. 검찰총장의 임무를 수행하던 그가 자신을 중용한 문재인 정부와의 갈등 때문에 사퇴한 직후 바로 대권에 뛰어들었다는 '특별한 사실' 때문이다. 그동안 검사 출신이 대권에 도전한 경우는 홍준표가 거의 유일하다. 홍준표의 경우는 그나마 여의도(국회와 정당)에서 '정치화'의 과정을 상당 기간 거친 뒤 대권에 도전했다는 점에서 윤 대통령의 대권 직행과는 크게 다르다. 게다가 검찰총장 출신이 대권에 도전한 것을 넘어 그것에 성공했다는 점은 그 자체로 '역사적 사건'이다. 이명박 정부에서 대구지검 특수부장, 대검 범죄정보2담당관, 중수2과장과 중수1과장, 서울중앙지검 특수1부장 등 '칼잡이'(특수부 검사를 이르는 은어)로서의 경력을 완성한 정치검사가 정치권력까지 잡았기 때문이다.

파견 검사, 수사관까지 합치면 총 183명

일각에서는 '검찰총장 윤석열'에서 '대통령 윤석열'으로의 이행을 '검찰 쿠데타의 성공'이라고 본다. 이재성 『한겨레』 논설위원은 지난 2021년에 펴낸 『개와 늑대와 검찰의 시간』(어마마마, 2021년)에서 "윤석열이 대통령이 된다면 검찰 쿠데타가 성공하여 검찰공화국이 완성되는 것이다"라고 예상했다. 그러면서 "윤석열은 누구의 편도 아니다. 윤석열은 검찰의 편이다"라고 일갈했다. 이춘재 『한겨레』 논설위원은 대선 이후에 펴낸 『검찰국가의 탄생』(서해문집, 2023년)에서 "한국 현대사에서 가장 막강한 권력기관으로 거듭난 윤석열 검찰은 정치검찰에 만족하지 않고 정국을 직접 주도하는 '검찰정치'로 나아갔다"라고 날카롭게 분석했다. 정치검찰이 검찰정치로 진화했고, 이것이 '검찰정권'의 탄생으로 이어졌다는 것이다.

윤석열 대통령이 '누구'의 편인지는 취임 직후 단행한 인사에서 금방 드러났다. '윤석열 사단'의 검사들이 대통령실과 국무총리실, 법무부 등 각 부처, 금융감독원, 국가정보원(국정원), 법제처 등 정권 요직에 중용된 것이다. 심지어 정치적 중립지대로 여겨졌던 국가인권위원회나 국민권익위원회, 민주평화통일자문회의 등에서도 여지없이 검사 출신들이 자리를 꿰찼다. 검사 출신뿐만 아니라 검찰수사관 출신들도 요직 등에 대거 발탁된 것이 가장 큰 특징이다.

참여연대가 지난 2023년 11월 14일 기준으로 집계한 결과에 따르면, 검사 또는 검찰수사관 출신의 장차관급과 대통령실 고위공직자(사임자 포함 24명), 법무부 소속 및 법무부 파견 검사(67명), 국회 등 외부 파견 검사(48명), 법무부와 외부 파견 검찰수사관(28명)을 합하면 165명(법무부 장차관 중복 인원 제외)에 이른다. 여기에 홍영표 더불어민주당 의원실에서 2023년 10월 30일 공개한 검찰 출신 공공기관 임원 18명까지 합치면 총 183명의 검찰 출신이 권력에 포진돼 있다. 또한 서영교 의원실이 최근 각 부처에서 제출받은 자료를 분석한 결과에 따르면, 공공기관의 장과 상임감사, 비상임이사·감사를 맡고 있는 검사나 수사관 출신 인사는 29명(9월 30일 기준)에 이른다.

참여연대는 "정부를 대표하고 정책을 수립, 집행하는 것은 결국 장관과 고위공직자들인데 이러한 고위공직에 각 분야의 인재를 등용하지 않고, 수사와 기소 기관인 검찰 출신이 국정 전반을 담당할 수 있다는 오만과 독선이 다양성과 전문성을 훼손하고 있다"라며 "더 나아가 사회적 합의나 토론, 설득, 협력과 연대의 설 자리를 빼앗고 있다는 점에서 심각한 문제이고, '검찰 몰입 인사', 검찰 출신 인사의 요직 독식은 민주주의를 위협하고 있다"라고 지적했다.

검찰 몰입 인사는 '서울대 법대'라는 학연과 '검찰 근무'라는 근무연이 더해진 것이다. '인사'는 권력의 색깔과 국정 운영 방향을 그대로 드러내는 가장 중요한 권력 행위다. 이러한 검찰 몰입 인사를 단행한 윤석열 정부에서는 일방적이고 권위적인 '상명하달의 검찰 DNA'가 도드라지면서 대화와 통합의 정치는 실종됐다. 동시에 권력 자체가 검사의 스폰서가 되는 나라가 됐다.

윤석열 핵심 사단이 약진한 대통령실

정권의 중추인 대통령실 인사에서는 윤석열 사단 검사 출신들이 약진했다. 대통령실의 핵심 보직인 인사비서관과 공직기강비서관, 인사기획관, 부속실장에 각각 이원모 전 대검 검찰연구관과 이시원 전 서울중앙지검 공안1부 검사, 복두규 전 대검 사무국장, 강의구 전 검찰총장 비서관을 발탁했다. 인사비서관, 공직기강비서관, 인사기획관 등 인사 검증에 관여하는 핵심 요직을 윤석열 사단으로 채운 것이다. 이시원 공직기강비서관과 주진우 법률비서관, 이영상 국제법무비서관은 모두 윤석열 대통령의 서울대 법대 후배다.

이원모 인사비서관은 '윤석열 사단의 막내'로 불렸던 특수통 검사다. 그는 윤석열 대통령의 중매로 국내 최대 한방병원인 자생한방병원의 차녀(신지연)와 결혼했을 정도로 윤 대통령과 각별한 사이다. 게다가 김건희 여사와 가까운 그의 부인은 지난 2022년 7월 윤 대통령의 나토

(NATO) 순방 때 민간인 신분으로 대통령 전용기를 이용하며 윤 대통령 부부의 해외 일정을 지원해 논란을 빚었다. 이 비서관은 올 4월 총선 때 경기도 용인갑에 출마해 낙선했지만 공직기강비서관으로 재기용되며 권력 내 그의 위상을 다시 한번 확인시켜줬다. 대검, 서울중앙지검, 대전지검 등의 검사로 근무하며 박근혜 전 대통령, 이명박 전 대통령, 삼성바이오로직스, 조국 전 법무부 장관, 월성원전 경제성 조작 등을 수사했다.

윤석열 대통령의 서울대 법대 후배인 이시원 공직기강비서관은 윤석열 대통령이 좌천돼 대구고검으로 내려왔을 때 함께 근무한 근무연이 있다. 특히 '대표적인 국가 폭력 사건이자 검찰권 오남용 사건'이었던 서울시 공무원 간첩단 사건 수사검사로 참여했다가 법무부로부터 정직 1개월의 징계처분을 받았다. 서울시 공무원 간첩단 사건은 탈북민 출신 서울시 공무원인 유우성 씨를 간첩 혐의로 재판에 넘겼다가 국정원의 증거 조작이 드러나 무죄가 선고된 사건이다. 그의 임명 당시 천주교인권위원회와 참여연대 사법감시센터는 "대통령 당선인과 친분이 있다는 이유로 고위공직에 임명했다면 이는 공정과 상식의 파괴"라고 비판하며 임명 철회를 촉구했다. 서울중앙지검 공안1부 부부장, 춘천지검 영월지청장, 서울남부지검 형사6부장, 수원지검 환경보건범죄전담부장을 지냈다.

복두규 인사기획관은 검찰수사관 9급 공채 출신이 차관보인 인사기획관이라는 요직에 기용된 특별한 경우다. 고등학교 졸업 직후 9급 검찰수사관 시험에 합격하고 인천지검 부천지청, 대구지검, 부산고검, 서울고검 등에서 사무국장을 지냈다. 특히 윤석열 대통령이 검찰총장으로 재직할 때 대검 사무국장(1급)을 지낸 것이 인사기획관 발탁으로 이어졌다. 대검 사무국장은 검찰 일반직에서는 최고위 자리다.

윤석열 대통령의 '문고리'로 불리는 강의구 부속실장도 복두규 인사기획관처럼 검찰수사관 공채 출신이다. 부속실장은 윤석열 정부 출범 이후 대통령과 배우자를 각각 보좌했던 제1부속실과 제2부속실이 통합되면서 대통령 부부를 지근거리에서 챙기게 된 핵심 보직이다. 윤석열 대통령이 대검 중앙수사부(중수부) 검사로 근무할 때부터 알고 지낸 사이이고, 윤 대통령이 검찰총장 시절 직무 정지 처분을 받으며 문재인 정부와 대립했을 때 그의 비서관을 맡아 고락을 함께했다. 하지만 'VIP 격노설' 당일 채상병 사망 사건 수사 외압 의혹의 '키맨'인 임기훈 국가안보실 국방비서관과 여러 차례 통화한 사실이 드러나 논란을 일으켰다.

또한 법률비서관과 국제법무비서관에는 주진우 전 서울동부지검 형사6부장과 이영상 전 서울중앙지검 특수1부 부장검사를 앉혔고, 총무비서관에는 윤재순 전 대검 운영지원과장을 발탁했다.

주진우 법률비서관은 박근혜 정부에서 청와대 민정수석실 특별감찰반장으로 근무했는데, 당시 그의 상관은 우병우 당시 청와대 민정비서관과 민정수석이었다. '우병우의 오른팔', '우병우의 심복' 등으로 불릴 정도로 '우병우 사단'의 핵심 인사로 알려졌다. 그래서 주진우 전『시사IN』기자는 "우병우 아래서 최순실을 모신 1급 부역자"라고 꼬집기도 했다. 문재인 정부 출범 이후 특수수사를 맡는 서울동부지검 형사6부장에 발탁됐는데, 서울중앙지검장이던 윤 대통령이 그의 인사를 챙긴 것으로 알려졌다. 문재인 정부에서는 청와대 반부패비서관실과 특별감찰반 등을 압수수색했고, 환경부 블랙리스트 의혹 사건을 수사하며 전직 장관과 청와대 비서관을 기소했다. 이후 대구지검 안동지청으로 좌천되자 검찰을 나왔다. 지난 대선 때 윤석열 캠프에 합류해 후보와 부인, 장모 등에 대한 네거티브에 대응하는 법률지원팀장으로 활약했고, 윤 대통령의 당선 이후에는 인사검증팀을 이끌었다. 지난 4월 총선에서 국민의힘 부산 해운대갑 후보로 출마해 당선됐다. 부산지검 동부지청 부부장, 청주지검 충주지청 부장, 서울동부지검 형사6부장, 대구지검 안동지청장을 지냈다.

이영상 국제법무비서관도 주진우 비서관처럼 박근혜 정부 청와대에서 근무했다. 특히 국내 최초로 헤이그 국제형사재판소 방문검사를 지냈고, 윤석열 정부 대통령실에 오기 직전에는 쿠팡의 부사장으로 근무했다. 그에게는 미국 인플레이션감축법(IRA)과 원전·방산 수출 관련 법률 검토 등의 임무가 주어졌다. 주진우 비서관이 총선 출마로 사직하자 법률비서관으로 이동했다. 원래 법무비서관과 국제법무비서관은 비서실장 직속이었는데 국제법률비서관은 법률비서관실 국제법무팀으로 축소됐다. 한편 그의 아버지는 MBC 앵커 출신인 이득렬 전 MBC 사장이다. 서울중앙지검 특수1부 부부장, 부산지검 부부장, 대검 범죄정보1담당관, 대구지검 부장 등으로 근무했다.

대통령실 예산을 관장하는 윤재순 총무비서관은 복두규 인사기획관이나 강의구 부속실장처럼 검찰수사관 공채 출신이다. 대검 중수부 검찰수사관을 거쳐 대검 정책기획과장, 서울남부지검 공판과장, 서울지검 수사2과장, 대검 운영지원과장 등을 지냈다. 수원지검 성남지청, 대검 중수부, 서울중앙지검 등에서 윤석열 대통령과 함께 근무하며 25년의 인연을 이어온 최측근이다. 2021년 3월 4일 당시 윤석열 검찰총장이 사의를 밝히기 위해 대검을 찾았을 때 윤 총장의 차량 옆자리에 앉았던 인사가 그였다. 과거 검찰 재직 시절 성추행, 성희롱 등 성 비위 사건으로 두 차례나 경고 등의 처분을 받았고, 동료들에게 성희롱 발언을 자주 해서 'EDPS'라는 별명이 붙었다는 증언도 나왔다.

금융감독원장까지 검사 출신 발탁…
금융감독원 설립 이후 처음

가장 파격적인 검사 출신 발탁은 금융감독원에서 이뤄졌다. 이복현 전 서울북부지검 부장검사를 윤석열 정부 초대 금융감독원장으로 발탁한 것이다. 검사 출신을 원장에 임명한 것은 1999년 금융감독원이 설립된 이후 처음 있는 일이다(역대 최연소 금융감독원장이기도 하다). 그동안 보수파 정부든 민주파 정부든 전문성을 강조하며 경제 관료나 대학교수, 금융계 인사 등을 금융감독원장에 발탁해온 것과는 전혀 다른 인사였다. 그의 임명 당시 양대 금융노조들은 "검찰 출신들은 (권력자들의) 최측근 금융 범죄 사건 수사 과정에서 정치권력과 이해관계를 함께할 가능성이 커 독립성이나 공정성에 매우 심각한 사태를 초래할 수 있다"라고 지적했다. 하지만 검찰 편중 인사에 대한 지적에 대통령실은 "적재적소 능력 중심 배치"라고 방어막을 쳤다.

물론 이복현 원장은 공인회계사 자격증도 가지고 있고(서울대 경제학과 출신인 그는 공인회계사 시험과 사법고시를 동시에 합격했다), 검찰 안에서 금융·

조세 범죄 수사 분야에 전문성을 가지고 있다는 평가를 받았다. 서울중앙지검 특수4부장, 서울중앙지검 경제범죄형사부장, 대전지검 형사3부장, 서울북부지검 형사2부장 등을 지내며 한화 비자금, 이명박 전 대통령 다스 실소유주 논란과 삼성의 다스 소송비 대납 의혹, 삼성바이오로직스 분식회계 의혹, 삼성물산-제일모직 합병 등을 수사했다.

윤석열 대통령이 대검 중수부 중수1과장으로 현대차 비자금, 론스타의 외환은행 헐값 매각 사건 등을 수사했을 때 전주지검 군산지청 소속이던 그를 수사팀에 차출했다. 또한 국가정보원 댓글 공작 사건 때도 수사팀장이던 윤석열 대통령과 함께 수사에 참여했고, 윤 대통령의 항명 파동에도 함께하며 윤석열 사단에 진입했다. 박영수 특검팀에도 참여해 박근혜 전 대통령 국정 농단 사건을 수사했는데, 당시 수사팀장이 윤석열 대통령이었다. 2022년 4월, 민주당이 '검수완박' 입법을 강행하자 사퇴했다. 지난 4월 총선 출마설이 유력하게 나돌았지만 석연치 않은 이유로 출마하지는 않았다.

국정원 기획조정실장은 모두 검사 출신

국정원의 요직에도 연달아 검사 출신을 발탁했다. 조상준 전 대검 형사부장과 김남우 전 서울동부지검 차장을 국정원 기획조정실장으로 임명한 것이다. 기획조정실장은 인사와 예산을 모두 맡고 있는 국정원 요직이다.

윤석열 대통령 서울대 법대 후배인 조상준 실장은 법무부 국제형사과장, 대검 반부패부 수사지원과장(옛 중수2과장)과 수사지휘과장(옛 중수1과장), 서울중앙지검 특수2부장, 부산지검 제2차장, 대검 형사부장, 서울고검 차장 등을 거쳤다. 대구지검 특수부에 근무할 때 특수부장이던 우병우 전 청와대 민정수석을 모셨고, 이명박 정부에서는 청와대 민정2비서관실 선임행정관을 지냈다. 론스타의 외환은행 헐값 매각 사건, 저축은행 불법 대출 사건 등을 윤석열 대통령과 함께 수사했고, 특히 검건희 여사의 도이치모터스 주가조작 의혹 사건의 변호인을 맡았다. 윤석열 정부 출범 직후인 2022년 6월 국정원 기획조정실장에 임명됐지만, 국정원장과의 알력, 비리, 음주운전 등의 의혹들이 나돌던 가운데 같은 해 10월 전격 사퇴했다. '국정원장→대통령실'이 아닌 '대통령실→국정원장'으로 사표가 처리돼 '국정원장 패싱' 등의 뒷말을 낳았다.

조상준 실장의 후임이 김남우 전 서울동부지검 차장이다. 김남우 실장은 대검 범죄정보2담당관과 수사기획과장, 정책기획과장, 법무부 법무과장, 서울중앙지검 형사1부장, 대구지검 제2차장, 서울동부지검 차장을 거쳐 김앤장 변호사로 활동하다 국정원 기획조정실장에 발탁됐다. 연이어 검사 출신을 국정원 요직에 앉힌 것이다. 윤석열 대통령이 서울중앙지검장으로 있을 때 형사1부장으로 함께 근무했다. 추미애 전 법무부 장관 아들의 휴가 복귀 사건을 수사했고, 강원랜드 채용 비리 의혹을 무혐의 처분해준 전력으로 논란을 일으켰다. 더불어민주당은 "국정원을 정권 보위의 첨병으로 만들 것"이라고 비판했다. 이복현 금융감독원장의 서울대 경제학과 선배다.

국가인권위원회, 국민권익위원회 등
중립지대마저도

정치적 중립지대로 여겨지던 국가인권위원회와 국민권익위원회, 민주평화통일자문회의에서도 검찰 출신들이 약진했다. 국가인권위원회 위원장과 상임위원, 비상임위원에는 안창호 전 광주지검 고검장과 김용원 전 수원지검 검사, 한석훈 전 서울동부지검 부부장을, 국민권익위원장과 부위원장에는 김홍일 전 대검 중수부장과 정승윤 전 서울남부지검 검사를, 민주평화통일자문회의 사무처장에는 석동현 전 서울동부지검장을 발탁했다.

김대중 정부 시기 출범한 국가인권위원회의 경우 민주파 정권이든 보수파 정권이든 판사(최영도, 이성호, 송두환)나 변호사(김창국, 조영황), 대학교수(안경환, 현병철), 여성인권운동가(최영애) 등을 위원장으로 임명해왔다. 그런데 윤석열 정부는 공안검사 출신인 안창호 전 헌법재판소 재판관을 국가인권위원장에 발탁했다. 독실한 개신교인인 그는 간통죄 폐지, 병역 거부자 대체복무, 사형제 폐지, 차별금지법 등을 반대해왔다. 그의 발탁을 두고 "국가인권위원회의 설립 목적과 존재 이유를 전도시키기 위한 의도된 인사"라는 비판이 나오는 이유다. 서울지검 외사부장, 대검 공안기획관, 서울중앙지검 2차장, 광주고검 2차장, 대검 형사부장, 대전지검장, 광주고검장, 서울고검장을 거쳐 당시 새누리당의 추천으로 헌법재판소 재판관에 임명됐다. 서울중앙지검 2차장 시절 '일심회 사건' 수사를 지휘했다. "전관예우 관행이 없어져야 한다"라고 주장했던 그는 헌법재판소 퇴직 이후 법무법인 시그니처와 화우의 고문변호사로 재직하면서 4년 동안 13억 원의 봉급을 받아 논란을 빚었다.

　김용원 국가인권위원회 상임위원은 부산형제복지원 사건 수사검사로 널리 알려진 인사다. 울산지청 검사로 근무하면서, 부산형제복지원 박인근 원장이 3,000여 명의 부랑인을 "정부의 허가 아래 노예로 부리고" 있음을 밝혀냈다. 이들 중 총 513명이 1975년부터 1986년 사이에 구타나 굶주림 등으로 사망했으며, 박 원장이 11억여 원의 국고 지원금을 횡령한 사실도 밝혀냈다. 하지만 검사 시절 일반음식점으로 허가받은 후 룸카페로 불법 영업을 하는 업소에서 술을 마시다 이를 단속하던 경찰관을 자신들의 술자리를 망쳤다는 이유로 폭행했다가 경고를 받았다. 특히 당시 현장을 촬영했던 KBS 기자를 뇌물 혐의로 구속해서 보복 수사 의혹이 일기도 했다. 당시 KBS 기자의 변호인은 문재인 전 대통령이었다.

　이 사건으로 검찰을 떠난 뒤 정치에 뜻을 두고 무소속, 국민신당, 민주국민당, 한나라당, 더불어민주당 등으로 당적을 옮겨 다니며 선거에도 출마했다. 윤석열 대통령의 서울대 법대 선배인 그는 지난 대선 때는 정승윤 부산대 교수(국민권익위원회 부위원장)와 함께 윤석열 대통령 지지 모임인 '공정과 상식을 위한 국민연합 부산본부' 상임대표를 맡았고, 윤석열 정부가 출범한 이후에는 국가인권위원회 상임위원에 중용됐다. 지난 4월 총선 출마를 타진했다가 접고 국가인권위원장에 응모했는데 서류에서 탈락했다. 상임위원으로 재직하면서 모욕, 비하, 혐오 등 수많은 막말 사건을 일으키며 '반인권의 대명사'로 전락한 것이 크게 작용했다. 국가인권위원회를 출입해온 고경태 『한겨레』 기자는 그를 두고 "형제복지원 수사검사는 오래전에 빛을 잃었다"라고 아프게 꼬집었다.

한석훈 국가인권위원회 비상임위원(국민연금기금운용위원회 상근전문위원 겸직)은 전주지검 군산지청 부장, 서울동부지검 부부장, 광주고검 부장 등을 거쳐 한국형사정책연구원 연구위원실장, 성균관대 법학전문대학원 교수를 지냈다. 하지만 국회에서 국가인권위원회 비상임위원 연임 선출안이 부결됐다. 노란봉투법, 이태원특별법 제정을 반대하고, 김용원 상임위원과 함께 박정훈 대령 긴급구제 조치를 기각시켰던 경력 등이 야당의 표적이 됐다.

충남대(법대 졸업) 첫 사법고시 합격자로 이름을 알린 김홍일 국민권익위원장은 대검 강력부장과 서울중앙지검 강력부장, 대전지검 형사1부장, 대구지검 2차장, 서울중앙지검 3차장, 대검 마약조직범죄부장, 대검 중수부장, 부산고검장 등을 지냈다. 이득화 유괴 살인 사건, 지존파 사건, 이명박 전 대통령의 도곡동 땅 차명 보유와 BBK 의혹 사건 등을 수사하며 '강력, 특수통 검사'로 평가받았다. 특히 이명박 전 대통령의 도곡동 땅 차명 보유와 BBK 의혹에 대해 대선 직전 무혐의 처분해 'BBK 검사'라는 오명을 자초했다. 하지만 이명박 정부에서 "17대 대선 관련 사건을 중립적 자세로 엄정하게 처리했다"라는 이유로 황조근정훈장을 받았다. 검찰에서 나온 뒤 오랫동안 법무법인 세종에서 근무하다 윤석열 정부 출범 이후 국민권익위원장과 방송통신위원장이라는 요직에 발탁됐다. 특히 방송통신위원장 발탁을 두고 한 현직 부장검사는 "금융 사건 수사 경험이 있다고 (이복현을) 금융감독원장으로 보내는 것만큼 황당하다"라고 비판했다.

윤석열 대통령의 서울대 후배인 정승윤 국민권익위원회 부위원장은 부산지검과 서울남부지검, 광주지검 순천지청 등에서 근무한 검사 출신이다. 다만 일찍 검찰을 나와 부산대 법대 부교수(행정법 전공)와 법학전문대학원 전임교수로 활동했다. 이후에는 진실·화해를 위한 과거사정리위원회 상임위원, 국회공직자윤리위원회 위원(이상 이명박 정부) 등의 경력을 쌓았고, 윤석열 정부에서 국민권익위원회 부위원장 겸 중앙행정심판위원회 위원장, 국민권익위원회 부위원장 겸 사무처장을 지냈다. 부산대 교수 재직 전후로 뉴라이트재단 이사이자 뉴라이트 이론지인 계간 『시대정신』 발행인을 맡아 '뉴라이트 인사'로 분류된다.

윤석열 대통령의 서울대 법대 동기(79학번)인 석동현 민주평화통일자문회의 사무처장은 '윤석열의 40년 지기'라고 불린다. 서울중앙지검 형사1부장, 서울고검 송무부장, 법무부 출입국·외국인정책본부장, 부산지검장, 서울동부지검장을 지냈다. 검찰을 떠난 이후에는 새누리당과 자유한국당, 미래통합당에서 법률자문을 하며 고향 부산(사하을, 해운대갑)에서 지속적으로 국회 진출을 시도했으나 실패했다. 국민의힘 추천 초대 공수처장 후보 중 한 명이었다. 지난 대선 때 윤석열 대선 후보 선거 캠프에서 '상임대외협력특보'를 맡았고, 윤석열 정부 출범 직후 민주평화통일자문회의 사무처장에 임명됐다. 본인은 감사원장을 강하게 원했다는 것으로 알려졌다. 윤석열 대통령을 지지하는 외곽단체인 공정자유국민연대 법률고문도 맡았다. 하지만 지난 4월 총선 당시 국민의힘 공천에서 배제되자 자유통일당으로 당적을 옮겨 비례대표 후보 2번을 받았다.

경찰 수사의 사령탑 역할을 하는 국가수사본부장(차관급)도 검사 출신이다. 문재인 정부 시기인 2021년 1월에 출범하여 초대 국가수사본부장에 경찰 출신 남구준 전 경찰청 사이버안전국장이 발탁됐지만, 윤석열 정부에서는 검사 출신 정순신 전 서울고검 차장을 2대 국가수사본부장에 임명했다. 장경석 전 서울경찰청 수사부장, 최인석 전 강원 화천 경찰서장 등 경찰 출신들도 지원했는데 검사 출신인이 낙점을 받았다.

윤석열 대통령의 서울대 법대 후배인 정순신 국가수사본부장은 전주지검 남원지청장, 의정부지검 형사5부장, 인천지검 특수부장, 서울서부지검 형사4부장, 서울중앙지검 형사7부장, 창원지검 차장 등을 지냈다. 윤석열 대통령이 대검 중수2과장으로 재직할 때 대검 부대변인이었고, 서울중앙지검장일 때는 서울중앙지검 인권감독관으로 함께 근무한 경력이 있다. '세월호 실소유주 비리 특별수사팀' 주임검사에 발탁됐고, 검찰의 '박근혜-최순실 게이트 특별수사본부'에 합류해 부공보관을 맡았다. 한동훈 법무부 장관, 이원석 검찰총장과 연수원 동기다. 하지만 임명 직후 아들의 학교폭력과 이에 대한 불복 소송 논란이 일자 공식 취임 하루를 앞두고 사퇴했다. 결국 경찰 출신인 우종수 전 경기남부경찰청장(전 경찰청 차장)이 임명됐다.

내각에 포진한 '검사 출신 정치인'

내각에는 한동훈 법무부 장관(전 서울중앙지검 3차장, 대검 반부패강력부장)이나 이노공 법무부 차관(전 서울중앙지검 4차장, 수원지검 성남지청장)처럼 검사 출신들뿐만 아니라 윤 대통령의 충암고, 서울대 법대 동기이자 판사 출신 이상민 행정부 장관도 있다. 특히 '검사 출신 정치인들'이 적지 않게 포진돼 있다. 권영세 통일부 장관과 원희룡 국토부 장관, 박민식 국가

보훈처장(국가보훈처장은 나중에 국가보훈부 장관으로 승격됨) 등이 그렇다.

권영세 장관은 10여 년 검사 생활을 마치고 한나라당 최고위원과 새누리당 사무총장, 국회 정보위원장, 주중대사 등을 지낸 5선 정치인이다. 지난 대선 때 국민의힘 선거대책본부장을 맡았고, 윤석열 대통령 당선 직후에는 대통령직인수위원회 부위원장으로 활동했다. 34회 사법고시 수석 합격자였던 원희룡 장관은 3년여의 짧은 검사 생활을 마치고 변호사를 거쳐 정치권에 합류했다. 한나라당 최고위원과 사무총장, 미래통합당 최고위원 등을 지냈고, 지난 대선 때 국민의힘 선거대책본부 정책본부장으로 활동했다. 대통령직인수위원회 기획위원장을 지냈다. 권 장관과 원 장관은 모두 윤석열 대통령과 서울대 법대 선후배 사이다.

박민식 보훈처장은 외무고시와 사법고시에 연달아 합격한 뒤 외교부 국제경제국 외무사무관으로 공직을 시작했고 부산지검 특수부 검사, 서울중앙지검 특수1부 검사 등을 거쳐 여의도로 진출한 재선 정치인이다. 검사 시절, 법조계 브로커 김홍수 사건과 국정원 불법 도청 사건 등을 수사하면서 조관행 전 고법 부장판사와 김영광 전 검사, 임동원·신건 전 국정원장을 기소하며 '불도저 검사'라는 별명을 얻었다. 지난 대선 때는 윤석열 후보 캠프 종합상황실 기획실장과 정치공작진상규명특별위원회 위원, 총괄특보단·정무특보단 특보, 부산클린선거전략본부장을 거쳐 대통령직인수위원회 당선인 비서실 특보로 활동했다. 지난 4월 총선에서 서울 강서을로 지역구를 옮겨 출마했지만 낙선했다.

그 밖에 이완규 법제처장과 한덕수 국무총리의 비서실장 박성근도 검사 출신이다. 윤석열 대통령의 서울대 법대 동기인 이완규 처장은 학생운동에 참여했다가 강제징집을 당한 특별한 경력이 있다. 이후 사법

고시에 합격하고 대검 형사과장, 서울남부지검 형사4부장, 대전지검 서산지청장, 청주지검 차장, 서울북부지검 차장, 인천지검 부천지청장 등을 지냈다. 윤석열 대통령과는 절친한 사이였으나 문재인 정부 시기 윤 대통령의 서울중앙지검장 임명을 반대했고, 임명된 이후 "청와대 주도로 전례 없는 인사가 행해졌다"라고 비판하며 검찰을 떠났다. 하지만 윤석열 대통령이 검찰총장 때 직무 정지를 당하자 그의 변호인을 맡았고, 대선 출마를 선언하자 대선 캠프에 합류해 네거티브 대응 등에 법률자문을 했다. 대선 이후에는 대통령직인수위원회 정무사법행정분과 자문위원에 발탁됐다.

윤석열 대통령의 서울대 법대 후배인 박성근 비서실장은 대검 공안과장, 인천지검 공안부장, 서울중앙지검 형사7부장, 대구지검 서부지청 형사수석부장, 광주지검 순천지청장 등을 지냈다. 지난 4월 총선 때 고향인 부산 영도에서 출마를 선언했으나 경선에서 패배했다. 국무총리 비서실장 발탁과 관련해 한덕수 총리는 "총리 비서실장은 윤석열 대통령이 원하는 분을 보내달라고 했는데 윤석열 대통령이 정말 그렇게 해도 되는지 세 번 물어봐서 '저는 누구하고도 호흡을 맞출 자신이 있다'고 하자 박성근 실장을 보내줬다"라고 인사와 관련된 일화를 공개한 바 있다.

또한 법무부는 물론이고 헌법재판소와 교육부, 고용노동부, 환경부, 여성가족부, 감사원, 법제처, 금융위원회, 금융감독원, 국민권익위원회, 법조윤리협의회, 한국거래소 등 각 부처나 공공기관에 '파견'이라는 이름으로 현직 검사들이 진출해 있다. 특히 고위공직자 인사 검증 조직인 법무부 인사정보관리단 인사정보1담당관에는 이동균 전 서울남부지검 형사3부장이 파견 나가 있다. 대검 검찰연구관과 대전지검 공주지청장 등을 지낸 이동균 담당관은 인천지검 부부장검사 시절 윤석열 검찰총장이 직접 선별한 인사청문회 준비단에 합류해 윤 대통령을 보좌했고, 윤 대통령의 대통령직인수위원회에도 참여했다.

서울대병원 감사까지 검찰수사관 출신… "윤석열 만사검통주의의 끝판왕"

공공기관의 장이나 상임감사, 비상임이사·감사에도 검찰 출신들이 많이 진출해 있다. 강진구 한국가스공사 상임감사는 윤석열 대통령이 2014년 국정원 댓글 공작 사건 수사와 관련해 대구고검에 좌천됐을 때 총무과장으로 함께 일한 인연이 있고, 2017년 서울중앙지검장 시절에는 그를 사무국장으로 기용해 함께 근무하기도 했다. 강성식 한국연구재단 상임감사도 윤 대통령의 서울중앙지검장 재직 시절 사무국장으로 일한 측근이다. 이상중 한국인터넷진흥원 원장은 대검 사이버수사실장 등을 지낸 수사관 출신이다. 유동호 한국식품안전관리인증원 비상임이사, 김해영 국립암센터 비상임감사 등은 모두 검사 출신이다.

특히 박경오 전 검찰수사관은 서울대병원 상임감사에 임명됐다. 박경오 상임감사는 검찰에서 서울시 보건직 공무원으로 파견 나가 20여 년간 보건, 의약, 마약 분야 수사 업무를 맡아온 검찰수사관 출신이다. 검찰 출신이 서울대병원 감사에 임명된 것은 전례가 없다. 병원의 업무와 회계를 전반적으로 조사하는 것이 감사의 역할이어서 그동안 주로 교육부나 감사원 출신 고위공직자들이 감사로 임명돼왔다. 감사는 원장과 함께 서울대병원 상임임원 2명 중 한 명이어서 병원 내 위상이 높다. 박경오 상임감사 인사를 두고 "윤석열 정권 '만사검통주의'의 끝판왕"이라는 비판이 나왔다.

계속되는 정권과 검찰의 공생 관계

흔히 윤석열 정부를 '검찰공화국'이라고 부르는데, 필자는 거기에 동의하지 않는다. 청와대와 각 부처 등에 자신과 가까운 검사나 수사관 출신들을 전면 배치하고, 검찰의 핵심인 특수부(반부패부서) 검사들을 이용해 문재인 정권에 대한 보복 수사를 진행하고 있다는 점에서 검찰공화국보다는 '윤석열-검찰 동맹 정권'이라고 부르는 게 더 적절하다. 이춘재 『한겨레』 논설위원은 2023년에 펴낸 『검찰국가의 탄생』에서 "검찰정권의 출범은 정치가 실종된 '검찰 통치'의 시대가 열렸음을 의미한다"라며 "검찰총장 출신 대통령은 정권과 검찰을 공생 관계로 만들고 있다"라고 지적했다.

"대통령실은 물론이고 정부 부처 요직에 검찰 출신을 기용해 강압성과 일방성을 특징으로 하는 '검찰 DNA'를 이식하는 것이다. (중략) 2022년 10월 29일 이태원 참사 이후의 상황은 검찰정권의 비인간성을 적나라하게 드러낸다. 검찰정권은 세상의 이치를 사법적 잣대로만 판단하는 검사의 시각으로 국가적 참사를 대했다. 참사 다음 날 각 지방자치단체에 '참사' 대신 '이태원 사고'로, '피해자'가 아닌 '사망자'로 쓰라는 내용의 공문을 서둘러 보낸 것이 대표적이다."(이춘재, 『검찰국가의 탄생』, 209쪽)

'검찰 몰입 인사', '만사검통주의' 등의 비판에도 불구하고 '정권과 검찰의 공생 관계'는 임기 말까지 계속될 것이다. 여기에는 수사로 성공한 검사가 대통령의 자리에까지 올랐다는 자신의 '성공 경험'이 크게 작용하고 있다. 하지만 국정 운영은 유무죄를 다투는 검찰수사와는 다른 차원의 영역이다. 그런데도 윤석열 대통령은 여전히 '성공한 검사'처럼 국정 운영을 하고 있다. 오죽하면 보수 언론 진영의 이하경 『중앙일보』 주필이 '대통령은 윤석열 검사를 잊어라'라는 칼럼을 썼을까? 윤석열 정부는 '헌법은 사라지고 형법만 남은 나라'이자 '권력이 검찰의 스폰서가된 나라'다.

12년 만에 다시 만난 검사 스폰서●

"검찰공화국 아닙니까?"

오랜만에 만난 정용재 씨의 목소리가 높아졌다. 검찰 출신들을 중용한 윤석열 대통령의 '검찰 편중 인사 문제'에 대해 이야기를 나누던 중이었다.

● 구영식 기자는 검사와 스폰서 사건 12년 만인 지난 2022년 6월 16일 부산 금정구청 근처의 한 커피숍에서 다시 검사 스폰서 정용재 씨를 만났다. 윤석열 대통령이 취임한(2022년 5월) 직후였다.

윤석열 대통령은 지난 5월 취임한 이후 대통령실과 정부 각부, 공공기관 등에 검찰 출신들을 중용했다. 이런 현실을 두고 그는 검찰공화국이라고 꼬집으면서 "윤석열 대통령은 '능력이 있다'고 포장하지만 그것은 임명권자의 자기 합리화"라고 비판했다.

"이너서클 만들어 수족으로 부리려는 거 아닌가?"

정 씨가 검찰 조직과 검사의 문화, 행태를 누구보다 잘 아는 데는 이유가 있다. 건설업체를 운영하는 동안 200명 안팎의 검사를 만났고, 가장 잘나갔던 2005년엔 부산지검 검사 80여 명 가운데 60명 정도에게 1회 이상 접대를 했으며, 검찰과 특검의 수사를 받으면서 검사와 스폰서 사건을 왜곡, 은폐한 검찰 조직의 실체를 직접 경험했기 때문이다. 그러니 '검사' 출신 윤석열 대통령의 검찰 편중 인사도 그의 관심사에서 비켜갈 순 없었다.

정 씨는 이날 기자와의 인터뷰에서 "어이가 없다"라고 윤 대통령의 검찰 편중 인사에 분통을 터뜨렸다. 그는 "(본인이 검찰 출신 대통령이기 때문에) 의도적으로 (검찰 편중 인사를) 안 해야 하는데 자기 식구로 데리고 있던, 연(인연)이 있는 사람들을 쓴다"라며 "결국은 자기 이너서클을 만들어 수족으로 부리려고 하는 것 아닌가?"라고 지적했다.

그는 "물론 객관적으로 실력이 있는 사람도 있겠지만 정부 요직에 검찰 출신이 과도하게 중용된 것은 사실이다"라며 "우수한 인재가 검찰에 있더라도 배제시켜야 (국정 운영의) 객관성이나 공정성을 유지할 수 있는데, 한 부류(검찰)가 독식했으니 공정한 운영이 되겠나"라고 꼬집었다.

특히 국정원 댓글 공작 수사팀과 박근혜, 최순실의 국정 농단 특검 수사팀 등에서 윤석열 대통령과 함께해 대표적인 윤석열 사단으로 분

류되는 이복현 전 서울북부지검 형사2부장을 금융감독원장에 발탁한 것을 두고 가장 날카로운 반응을 보였다. 검찰 출신이 금융감독원장에 임명된 것은 1999년 금융감독원이 설립된 이래 처음이다.

정 씨는 "금융감독원장은 평생 경제 쪽에 있던 사람도 가기 어려운 자리인데 부장검사를 했던 사람을 차관급인 금융감독원장에 앉힌다? 그건 아니라고 본다"라며 "보수 언론들은 이복현 원장을 '회계사 자격증이 있고 기업들 금융 조사를 했던 대기업 저승사자'라며 '금융감독원장직을 엄격하게 관리할 수 있다'고 포장하는데, 나는 그렇게 생각하지 않는다"라고 말했다.

그는 "(검사들은) 기업이나 금융의 단점만 봤던 사람들이라 금융이나 기업을 죽이는 일은 잘할 것이다. (그러니까) 회계사 자격증이 있는 검찰 출신에게 거기 가서 칼을 휘두르라는 건가"라고 반문했다.

이와 함께 서울시 공무원 간첩단 사건에 가담한 이시원 전 서울남부지검 형사6부장과 윤석열 대통령 배우자인 김건희 씨 주가조작 가담 의혹 사건을 변호한 조상준 전 대검 형사부장을 각각 대통령실 공직기강 비서관과 국정원 기획조정실장에 발탁한 것을 두고도 비판의 목소리를 높였다.

정 씨는 "그런 자리에 중용할 사람은 실제로 많다. 인재풀이 왜 그거밖에 안 되는지 모르겠다"라며 "지나치게 눈에 보이는 인사를 한다"라고 비판했다. 특히 이시원 비서관과 관련해서는 "좌우를 떠나서 (간첩단 사건 피해자의) 판결문에 불법이라는 점이 드러났다"라며 "그렇다면 (대통령이 인사를) 철회시켜야 한다"라고 밝혔다.

"쉽게 자세 바꿀 사람 아니다"

윤석열 대통령이 검찰 편중 인사 지적에 "능력이 있어서 중용했다"라고 반박한 것과 관련해 정 씨는 "그것은 포장에 불과하다. 자기 인사에 대한 임명권자의 합리화다"라고 규정하며 "검찰 출신들이 공정을 담보할 수 있느냐의 문제여서 '능력이 있다'는 얘기로 넘어갈 수 있는 사안이 아니다"라고 비판했다.

정 씨는 "검사 출신이 국정 운영을 위한 폭넓은 지식을 지니고 있다고 생각하지 않는다"라며 "오히려 다른 직종들에 비해 편협하다. 자기들은 형사사건을 다루면서 다양한 경험을 한다고 하지만 고소·고발 사건들은 뻔하다"라고 지적했다.

그는 "지금 실력이 있다는 미명 아래 특수직군(검찰)이 (요직에) 임명되고 그들에 의해 (국정 운영이) 좌지우지되는 것은 과도하다"라며 "윤석열 대통령이 10여 년 전 검사와 스폰서 사건 등을 반면교사로 삼아야 했는데 이를 손톱만큼도 생각하지 않았다"라고 짚었다.

이어 "국민들은 (윤 대통령이) 자신이 근무했던 데서 (인재를) 찾지 말고 폭넓게 사람을 써야 하고 한다고 생각한다. 너무 검찰 쪽으로만 가면 안 된다는 게 일반 국민들의 생각이다"라며 "(윤석열 대통령이 그러지 않아서) 지지율이 떨어지고, 보수적인 부산·경남 쪽에서도 여론이 안 좋다"라고 전했다.

"자기가 검찰총장 할 때 대검 사무국장 했던 사람(복두규 인사기획관)부터 다 검찰 출신들이 대통령실을 에워싸고 있지 않나? 그런 부분이 국민들에게는 상당히 거부감이 있다. 국방 관련 전문가가 가야 하는 국가

보훈처장에도 검사 출신(박민식)을 쓰고, 법제처장에도 측근(이완규)이 가 있다. 누가 보더라도 잘못된 인사다. (이러한 인사들을) 국민들이 안 좋게 생각하는데 (윤석열 대통령은) 그런 데 대한 의식이 전혀 없다. 지금 너무 막 간다."

정 씨는 "대검 운영지원과장으로 데리고 있던 사람(윤재순)을 총무비 서관에 앉혔는데 그분은 성희롱 등으로 인한 징계성 처분도 받지 않았 나?"라며 "성 문제 때문에 뒤집어지고 있는 대한민국인데 그런 사람에 게 대통령실 살림살이를 맡기니 국민들이 (윤석열 정부에) 의심을 던질 수 밖에 없다"라고 지적했다.

또 "대통령실을 용산으로 이전하면서 국방부 중요 부서를 다른 데로 옮기고, 거기에다 검찰 편중 인사까지 되니까 국민들이 불만이 많고 여 론이 안 좋다"라며 "이미 국민의힘 국회의원 중에 상대적으로 검사 출 신이 많은데 (윤석열 대통령이) 실력이 있다고 검찰 출신들을 (정부 요직에까 지) 중용하는 것을 보니 정말 검찰공화국 아닌가"라고 꼬집었다.

"지금 윤석열 대통령 지지율이 대선 때 얻었던 표만큼 나오고 있다. 정부가 출범한 지 한 달여밖에 안 돼 현재는 국민들이 인내하고 참고 있 는 거다. 지지율이 떨어지지 않은 것은 자기가 윤석열 대통령을 찍은 지 얼마 안 됐기 때문에 욕은 하더라도 지켜보고 있어서다. 하지만 이런 식 으로 계속 가면 국민의 저항이 있지 않겠나?"

정 씨는 "윤석열 대통령에 대한 여러 가지 평가나 이미지 등을 보면 누가 옆에서 조언한다고 해도 쉽게 자세를 바꿀 사람은 아닌 걸로 보인 다"라며 "그렇게 바뀌지 않으면 6개월 이후에는 상당한 하락세가 있을 것"이라고 내다봤다. 실제로 취임 직후 50퍼센트대였던 지지율은 심리적 탄핵 수준인 20퍼센트까지 떨어졌다(한국갤럽 9월 둘째 주 조사 결과).

"보수 정부든 진보 정부든
검찰수사 방식은 바뀌지 않았다"

특히 정용재 씨는 자신이 검사와 스폰서 사건을 폭로한 이후에도 변하지 않은 검찰을 향해서 비판적 발언을 쏟아냈다. 그는 "술이 양주에서 소주로 바뀌고, 룸살롱에서 일반 식당으로 바뀌었는지는 몰라도 검사 접대 문화, 스폰서 문화는 그대로라고 생각한다"라며 "또 수십 년 동안 관행으로 해왔던 먼지 털기 식 수사, 별건 수사, 압박 수사, 강압 수사, 협박 수사가 없어지지 않고 지금도 존재한다"라고 지적했다.

정 씨는 "조국 사건이나 지금 진행하고 있는 백운규 전 장관 수사도 다 똑같다"라며 "조금만 연관돼 있으면 영장을 청구하니까 원하는 대로 답을 얻을 수밖에 없다"라고 말했다. 이어 "이러한 검찰수사 방식은 보수 정부에서든 진보 정부에서든 바뀌지 않았다"라며 "반성이나 개선은 전혀 없고, 정의를 위해 권력자나 재벌을 단죄했다는 자기만족감이나 희열감만 있다"라고 비판했다.

정 씨는 2020년 2월 『배신은 인생이다』(T. B. M)라는 제목의 책을 냈고, 같은 이름의 유튜브 채널을 개설했다(구독자 수가 1만 1,000여 명이다). 정 씨는 이 책의 서문에 "책의 주요 내용들이 과거에 있었던 '검사와 스폰서'라는 역사적 사건에서 시작됐기에 이 책은 자서전이라기보다 그 사건을 전후한 개인적 삶의 회고록에 가깝다"라고 썼다. 이 책에서 자신의 인생 역정을 정리하면서 검경 수사권 조정, 검찰의 기소권 남용 등 검찰개혁에 관한 자신의 견해도 펼쳤다.

정 씨는 "수사권의 분리와 독립도 중요하지만, 검찰개혁이 더 나아가려면 (더 중요한 것은) 검찰이 가진 기소독점주의에 대한 견제가 중요하다"라며 "일단 기소해서 압박하는 기소독점주의, 기소권을 남발하는 기소편의주의를 제도적으로 제어할 수 있는 견제 기관이 있어야 한다"라고 주장했다.

'검사와 스폰서' 보도 이끈 최승호 전 MBC 사장

최승호 피디는 2010년 '검사와 스폰서' 시리즈(총 세 편)를 통해 검사 스폰서 문화의 실체를 적나라하게 드러냈다.

그로부터 14년 만에 만난 최 피디는 "검찰이 얼마나 문제적인 집단인가를 접대문화를 통해 종합적으로 보여줬던 첫 번째 사건이었다"라며 "그것을 통해 검찰의 특권의식과 자정할 능력이 없다는 것을 적나라하게 드러냈다"라고 의미를 부여했다. 그러면서 "검찰이 어떤 특검을 통해서도 교정할 수 없고, 따라서 외부적인 수술을 통해서 교정할 수밖에 없는 집단이라는 것을 적나라하게 드러낸 사건이었다"라고 지적했다.

최 피디는 "또 한 가지는 언론이 그것을 제대로 비판하고 제대로 보여줘야 국민들이 그걸 바꿔낼 수 있는 정보를 얻고 (검찰개혁에 대한) 결심을 할 수 있다는 것이다"라며 "언론의 역할이 굉장히 중요하다는 것이 그 사건의 중요한 포인트로 남았다"라고 언론의 역할을 강조했다.

최 피디는 1986년 MBC에 입사해 시사교양국 피디를 거쳐 사장까지 지냈다. '경찰청 사람들'에 이어 '이제는 말할 수 있다'와 '황우석 연구 부정 폭로', '4대강 사업', '검사와 스폰서' 등을 연출·제작하며 「PD수첩」의 전성기를 이끌었다. 지금은 『뉴스타파』 다큐 피디로 재직하며 '4대강'을 계속 취재하고 있다.

'검사와 스폰서' 방송 당시는 여러모로 폭풍전야였다"

— *14년 전(2010년 4월 20일) '검사와 스폰서'를 방영한 첫날을 기억하나?*

그때는 MBC 노조가 파업을 하고 있었다. 보통은 후배 앵커가 따로 있고 나는 그 옆에 출연해서 방송하는데, 그날은 앵커도 파업에 들어가 내가 진행까지 했다. 굉장히 긴장되는 상황이었다. 보도하기 직전에 검사들 성 접대 등이 담긴 방송 보도자료를 냈더니, 대검에서 그것은 사실이 아니고 검사들의 명예를 엄청나게 훼손한다고 경고하고 그랬다. 그때 대검에 출입하던 MBC 기자가 나한테 전화해서 '선배, 이 검사 이름이 나옵니까?' 물어보기도 했다. 검사들 청탁을 받고 그랬다. 기가 막혔다. 여러모로 폭풍전야였다.

'보도 이후 검찰이 어떻게 나올 것인가'를 두고 MBC 내부에서도 우려했다. 그 당시 사장이 김재철이었다. 김재철 사장이 막 취임한 상황이었고, 그런 상황 속에서 보도한 거다. 보도에는 빼도 박도 못하는 증거가 있었다. '검사와 스폰서' 1편을 보면 증거가 완벽하게 제시됐기 때문에 박기준, 한승철이 변명할 여지가 없었다. 결국은 방송 다음 날 검찰도 문제가 있다는 것을 인정하면서 김준규 검찰총장이 사과했고 진상규명위원회를 바로 띄웠다. 방송하기 전까지만 해도 허위사실인 것처럼 굴었는데, 방송이 나간 뒤에는 빼도 박도 못하겠다는 판단을 했던 것 같다.

— *김재철 사장 체제였고, 이명박 정부 시기였는데 그런 위험한 보도 아이템이 방영될 수 있었다는 것이 좀 놀랍기도 하다.*

MBC의 단체협약에는 '국장책임제'라는 조항이 있다. 그래서 사장이나 경영진이 방송 내용에 개입하지 못하게 돼 있다. 그런 단체협약이 있었기 때문에 김재철 사장이 그 방송에 개입할 수 없는 상황이었다.

게다가 김재철 사장이 온 지 얼마 안 된 때였다. 물론 김재철 사장이 오자마자 인사를 해서 국장을 바꿨지만 바뀐 국장도 '검사와 스폰서'를 방송하면 안 된다고 할 정도로 문제가 많은 사람이 아니었다. 좀 보수적인 스타일이긴 했지만, 권력을 비판하는 것은 해야 하지 않느냐 하는 입장을 가진 사람이었다. 그래서 방송하는 것에 무리는 없었다. 그때 '검사와 스폰서' 방송의 반향이 컸기 때문에 김재철 사장이 나중에 나를 보고 '방송 잘했다'고 했을 정도였다. 「PD수첩」 방송 자체에 문제가 없었고 검찰도 바짝 엎드린 상황이었기 때문에 사장이 그걸로 트집을 잡을 수는 없었다.

그게 검찰의 진상규명위원회와 특검으로 이어졌는데, 거기서 더 좋은 결과가 나왔어야 했다. 하지만 검찰이 그것을 다 덮은 결과가 됐다. 특검도 믿을 수 없었다. 특검에 파견 나간 검사들이 다 현직 검사들이었기 때문이다. 이들이 특검에 와서 검찰에 정보보고도 하고 그랬다. 얼마나 압박했으면 업주들도 모르겠다고 하고, 정용재 씨 지인은 자기가 성매매를 했다고 허위진술을 할 정도였다.

"검사는 특권의식에 절어 있는 사람들… 겁을 안 낸다"

— 당시 검사와 스폰서 사건을 취재하면서 가장 어려웠던 점은 무엇이었나?

검사들이 진실을 말하지 않으니까, 그런 부분을 크로스 체킹 하면서 팩트를 발굴해내고 정황을 맞추어서 시청자들이 '이것이 막연히 분개할 문제가 아니라 증거가 딱 제시되는구나'라고 생각할 정도로 임팩트 있게 만드는 게 어려웠다. 다행스럽게 그 당시 정용재 씨가 갖고 있던 휴대폰 안의 녹음 파일을 나중에 찾았다. 그 녹음 파일에서 박기준 관련 녹음이 나오는 바람에 임팩트가 컸다. 그리고 박기준이 나와 통화하면서 '니가 뭔데? 니가 피디야?'라고 하니까 시청자들이 엄청 열 받아서 임팩트가 더 커졌다. 박기준은 (검사장인) 부산지검장을 할 때까지 그런 행동이 상식이라고 생각해온 거다. 그 세월이 지나도록 구 기자나 나 같은 언론인을 마주치지 않았다는 얘기다.

— *검사와 스폰서 사건을 취재하면서 '검사'라는 권력에 대해 생각과 고민을 많이 했을 것 같다.*

맞다. 검찰을 이렇게 두면 안 되겠다는 확신이 그 당시에 들었다. 그걸 어떻게 기획하게 됐냐 하면, 노무현 대통령이 돌아가실 때 나는 미국에서 연수를 하고 있었다. 노무현 대통령이 검찰에 소환됐다가 결국 돌아가셨는데, 그 과정을 보면서 굉장히 놀랐다. '일국 대통령을 한 분인데, 검찰에 의해 이런 상황을 겪는구나. 검찰이란 곳이 문제가 많구나' 이런 것을 많이 느꼈다. 연수를 끝내고 귀국하면 탐사보도를 제대로 해서 검찰 문제를 밝혀야겠다고 생각했다.

돌아와서 검찰 문제를 취재해야 하는데, 문제는 그 당시 김재철이 사장으로 와 있는 상황이어서 내가 '검찰을 속속들이 취재하겠다고 하면 잘 받아들여질까?' 자신이 없었다. 그런 상황 속에서 기회를 본 게 4월 20일 '법의 날'이었다. 내가 '법의 날이니까 법을 집행하는 가장 중요한 기관인 검찰에 대해서 들여다봅시다'라고 제안했고, 그 과정에서 '검사와 스폰서'를 기획하게 됐다.

여러 가지 아이템들을 봤는데 다른 것은 임팩트가 없더라. 제도적 문제를 아무리 다뤄봤자 안 될 것 같았다. 그런데 그 직전에 천성관 검찰총장 후보가 스폰서 문제로 날아갔다. 그래서 스폰서 문제를 다뤄야겠다고 생각하고 제보들을 뒤졌는데, 결국은 야당 국회 법사위원 사무실에 가서 보좌관한테 정용재 씨 연락처를 받았다. 정용재 씨가 「PD수첩」에도 자료를 보냈다고 하는데 난 제보를 본 적이 없었다. 그걸 미리 받았으면 편했겠지만 여기저기 뒤지다가 국회 법사위에서 정용재 씨 연락처를 받아서 통화하고 취재를 시작한 거다.

— *취재하면서 느낀, 혹은 목격한 '검사'는 어떤 존재였나?*

특권의식에 절어 있는 사람들이다. 겁을 안 낸다. 성매매, 돈 수수 등도 다 죄가 되는 일이고, 있는 죄를 없도록 하고 없는 죄를 있도록 하는 것도 큰 죄들인데 그런 것들을 두려워하지 않는다. 자기네는 그런 죄로 처벌받을 가능성이 없다고 생각한다. 자기네들 위치나 검사로의 직분은 그런 것들이 전혀 자기들을 처벌 대상으로 만들 수 없는… 철통방탄이 앞에 쳐져 있는 느낌을 가지고 살아가는 사람들인 것 같았다.

"검사와 기자의 사고방식이 비슷한 것 같다"

— *박기준 당시 부산지검장과의 통화 장면이 아직도 기억에 생생하다.*

그렇다. 박기준에게 감사해야 할 측면도 있다. 박기준이 오버하는 바람에 국민들이 더욱 분노했고, 방송의 파장이 더욱 커졌기 때문이다. 그 사람은 그렇게 하고도 나중에 정치하겠다고 출마했는데, 양심이 없다. 한 번도 사과했다는 말을 들어본 적이 없다. 자기가 한 일은 당연한 것이고, 억울하게 이상한 일개 피디한테 걸려서 그렇게 됐다는 식으로 생각할 것이다.

― 검찰 권력을 견제할 수 있는 곳 중 하나가 언론인데, 그 언론을 대하는 태도가 정말 무소불위였다. 정말 놀라웠다.

검사가 언론을 그렇게 대하는 것은 언론이 그렇게 하기 때문이 아닐까? 검사들로부터 한마디라도 얻어듣고 기사로 써서 특종을 내고 싶은 것이 검찰에 출입하는 기자들의 제일 큰 욕망이다. 그러니 검사들 입장에서 기자라는 것은 자기가 떡 하나 던져주면 그걸 잘 쓸 수 있는 존재, 자기를 띄워줄 수 있는 존재, 그런 정도다. 자기가 했던 수사가 잘못됐다고 기자가 취재해서 비판하는 기자는 못 봤던 거다.

그런데 기자도 아니고 피디가 와서 검사가 잘못했다는 전제로 막 질문을 해? '니가 감히'는 이렇게 해서 나온 거다. 자기가 과거에 경험해 본 언론인들은 이런 게 아니었으니 그런 식의 반응이 나왔다고 본다. 그 이전에도 언론인들로부터 '당신이 이렇게 하는 게 맞나요?' 하는 탐사보도의 대상도 돼 보고 기자들에게 기사로 얻어맞아봤더라면 겁을 냈을 거다. '니가 뭔데?' 이런 식으로 나온 것은 그 이전에 많은 언론인이 박기준에게 그런 인상을 심어준 결과라고 보는 게 맞다.

진상규명위원회 활동이나 특검 수사 과정에서 기자들이 쓴 기사들을 봤을 때 검찰에서 말하지 않는 사실을 독자적인 검증을 통해 수사에 문제가 있다, 잘못됐다고 지적한 기사를 본 적이 없다. 검사와 스폰서 사건의 수사 결과를 발표하는 곳에 기자들이 많이 왔던데, 그 많은 기자가 뭘 했을까? 당시 검찰 관련해서는 제일 큰 이슈였는데, 출입처 시스템이라는 것이 이렇게 기자들을 소극적으로 만드는구나 하는 생각이 들었다. 검사와 스폰서라는 주제가 출입기자들에 의해 나온 게 아니고, 피디들이 만드는 프로그램에서 발굴한 이슈여서 관심이 덜했던 것 같기도 하다.

나는 정용재 씨로부터 그 얘기(검사와 스폰서 사건)를 들었을 때 엄청나게 심각한 문제라고 생각했다. 그런데 일반 기자들이 그 얘기를 들었을 때 기삿거리가 아니라고 생각했을 수 있겠다 하는 생각이 든다. '술은 다 먹을 수 있는 거지. 술 먹다 보면 한번씩 그럴 수 있는 거지 뭐. 우리는 안 그러나. 우리도 다 그러는데 뭘 그런 걸 갖고.' 어떤 기자가 선배 데스크에게 기사를 쓰겠다고 그걸 보고했다고 치자. 그때 데스크가 '그게 뭐 기사가 되겠냐? 너는 안 갔냐?' 이럴 수 있다는 거다. 늘 검사들을 만나고 밥 먹고 술 먹고 하는 기자의 입장에서 보면 그런 것을 심각한 문제라고 생각하지 않을 수 있다. 그런 점에서 기자들과 검사들의 사고방식이 비슷한 것 같다.

정용재 문건과 장부를 보면 검사들 실명과 돈을 얼마 줬는지 수표번호, 언제 누구에게 성 접대를 했는지 등이 다 나와 있다. 그런데 검사들은 정용재 씨가 범죄자, 전과자이기 때문에 얼마든지 거짓말할 수 있는 사람, 믿을 수 없는 사람이라고 얘기한다. 박기준도 내게 '당신은 수사받고 있고, 맨날 거짓말하는, 근거도 없고 정신이 좀 이상한 사람의 말을 근거로 검사의 명예를 훼손하고 있다, 내가 형사적으로나 민사적으로나 조치하겠다'라고 했다. 정용재 씨의 고백에 일말의 진실이 있다고 생각하기보다도 오히려 거짓이라고 생각할 수 있지 않을까 싶다.

그렇게 많은 스폰서가 그렇게 많은 검사를 접대해왔는데, 출입하는 기자들이 서울에서부터 경상도 진주까지 그것을 다 봤을 텐데, 제대로 기사화한 게 없었다. 「PD수첩」이라는 변방의 매체가, 그런 검찰 문화를 잘 모르고 경험이 없는 매체와 프로그램이 국민의 시각으로 보니까 '와, 이거 문제네'라고 생각해서 보도한 거다. 정용재 씨 문건이 우리한테도 오고, 국회에도 왔는데 다른 기자들에게는 안 갔겠나?

"한국 검사들은 머리부터 발끝까지 믿을 수 없는 사람"

— 검사와 스폰서 사건을 취재하면서 언론의 문제를 상당히 많이 고민한 것 같다.

언론에는 문제가 엄청나게 많다. 그 당시에도 정말 문제가 많다고 생각했다. 진상규명위원회와 특검의 수사 과정에서 나는 거기에 출입하는 기자가 아니었으니 검사들이 무엇을 어떻게 수사하는지 일일이 취재할 수 없었다. 그래서 진상규명위원회와 특검의 결과가 나온 이후부터 취재를 시작했다. 조 아무개 검사 등을 접촉해서 성 접대 여부를 물어보고 취재하고 있었는데 어느 날 최기화 사회부장이 나한테 전화해서 '최 선배 잠깐 봅시다'라고 했다. 나는 일면식도 없었지만 가서 만났다. 만났더니 최 부장이 조 검사의 한방병원 진단서를 가지고 와서 '조 검사는 발기부전이고, 진단서도 이렇게 있는데 방송하면 문제가 될 것 같다'라는 식으로 얘기했다. 왜 MBC 사회부장이 검사의 진단서를 들고 와서 나한테 그렇게 얘기하는지, 정말 한심하더라.

MBC는 원래 그런 데는 아니다. MBC는 만약 그런 것 하다가 걸리면 상당히 문제 될 수 있는 조직인데도 그런 소리를 와서 하더라. 최기화 부장은 김재철 사장의 수하였는데 MBC 보도국장도 하고 나중에 방문진 이사도 하고 (윤석열 정부에서는) 교육방송 상임감사도 했다. 김장 겸 전 MBC 사장 등과 같은 구악이었다.

— 나 역시 처음 책을 내기 전에 조 아무개 검사가 아는 변호사를 통해 만나자고 연락이 와서 서초동의 한정식집에서 조 검사를 만난 적이 있다. 그때도 조 검사가 같은 한방병원 진단서를 내밀었다. 자기 이름을 빼달라고 직접 얘기하진 않았지만 그런 요청으로 느끼기에 충분했다.

검사들이 변명하는 것은 믿을 수 없다. 한승철은 정용재가 누군지도 모르는 것처럼 말했고, 박기준도 한두 번만 만난 사람처럼 행세했다. 검사들의 말은 믿을 게 전혀 못 된다. 한국 검사들은 머리부터 발끝까지 정말 믿을 수 없는 사람들이라는 생각을 많이 했다.

"진상규명위원회, 특검은 없던 일로 만드는 데 골몰했다"

— 검사와 스폰서 사건 보도는 검찰 진상규명위와 스폰서 특검으로 이어졌는데, 그 결과를 어떻게 평가하나?

'검사와 스폰서'를 보면 정용재 씨가 얼마나 억울한지가 적나라하게 나온다. 검사와 스폰서 사건에 대한 수사를 받는 과정에서 검사들에게 그런 일(성 접대 등)이 있었다고 얘기했는데 처음에 수사를 안 했다. 「PD수첩」을 통해 '검사와 스폰서'가 방송된 이후 진상규명위원회와 특검이 생겼는데, 그것들이 다 정용재라는 제보자가 준 내용을 어떻게 하면 없던 일로 만들 것인가 하는 것에만 골몰한 결과였다. 검찰은 없던 일로 만드는 데만 골몰했다는 것이다. 진상규명위원회나 특검 수사는 다 엉터리다. 그 과정에서 정용재 씨 본인과 가족, 지인들이 진상규명위원회나 특검으로부터 엄청난 압박을 받았다.

한 지인은 한승철 부장과 다른 부장검사 2명이서 술 먹고, 부장검사 한 명이 성 접대 받는 상황을 목격했다. 그런데 그가 특검에서 부장검사가 아니라 자기가 모텔에서 성 접대를 받았다고 허위진술을 했다. 그 지인은 목격자인데 두 번이나 압수수색을 당하고 겁을 먹고, 자기가 했다고 한 거다. 압박에 의한 허위진술이다. 그래서 부장검사의 혐의도 없어졌다. 룸살롱 마담들도 우리한테 얘기할 때는 검사들이 와서 성 접대를 받았다고 했다. 심지어는 '내가 검사 장모로 통한다, 내가 책

93

을 쓰면 검사들이 부들부들 떨 것이다'라고까지 얘기했다. 그런데 그분들도 검찰에서 조사받을 때는 모르겠다고 진술했다. 정용재 씨가 '제대로 조사해달라, 대질심문 해달라, 나랑 업주들을 대질심문 하면 내 앞에서는 그분들이 사실과 다른 말을 못 할 것이다'라고 했지만, 검사들은 대질심문에 대해 관심이 없었다.

박기준을 오전 11시에 소환한다고 기자들에게 얘기해놓고, 오전 8시에 불러서 몰래 들어가도록 했다. 그래서 사진도 못 찍게 했다. 반면 정용재 씨를 소환할 때는 언론들을 동원해 다 사진을 찍게 하고, 정용재 씨가 옷을 뒤집어쓰고 혼자 휠체어를 타고 창피한 모습으로 들어가게 했다. 당시 정 씨는 몸도 안 좋아 입원한 상황이었다. 그런 상황인데 검사들이 한 짓을 보면 정말 인간이 아니다. 그런 짓을 지위가 낮은 검사든 높은 검사든 다 했다. 목표는 이 사건을 없던 일로 만드는 것이었다. 결국 형사처벌 받은 사람이 없다. 박기준, 한승철 등은 면직이라는 징계만 받았는데 한승철은 법원에서 이겼다.

또한 진상규명위원회에서 부장검사 한 명이 체면치레로 어쩔 수 없이 성 접대를 받았다고 인정했는데, 특검에서는 그것마저 없던 일로 했다. 정용재 씨한테 '당신이 하는 걸 봤냐?' 물었다고 한다. 그러자 정용재 씨가 '내가 돈 주고 아가씨에게 잘 모시라고 하고, 같이 모텔로 올라가는 것 봤으면 된 거지, 방에서 한 것까지 봤어야 한다는 거냐?'라고 항변했다. 특검은 그런 것도 다 증거 불충분이라며 없던 일로 끝냈다. 정용재 씨가 우리한테 얘기하지 않았던 검사장 2명과 검사 성 접대 정보를 특검에서 얘기했다고 한다. 증거자료를 줬는데도 물어보지도 않았다.

내가 얘기를 들어보니 임은정 검사는 그 당시에 여성 검사로서 남자 검사들의 문화에 대해 문제의식이 많았더라. 서울중앙지검에 있을 때인가 임 검사를 우연히 마주친 적이 있는데, 임 검사가 '그래도 검사와 스폰서 사건이 검찰 문화에 상당한 충격을 줬다. 조심은 한다'고 했다.

방송 이후 예전만큼 대놓고 스폰서 문화를 즐기는 검사들은 줄었다고 얘기하는 분들이 있다. 그런 정도의 영향력은 있었다. 하지만 근본적으로 검사들이 자기 맘대로 죄를 만들고 없애는 짓거리는 전혀 고쳐지지 않았다.

— 왜 그렇게 면죄부 수사가 됐다고 생각하나?

기소한 것도 있었으니까 완전히 면죄부는 아니다. 결과적으로 보면 기소했더라도 빠져나갈 수 있을 만큼 제대로 수사를 안 했다. 최종적으로 보면 그것으로 형사처벌을 받은 사람은 없었다. 그렇게 돼버렸다.

— 검찰은 스스로를 견제할 장치도, 의지도 없는 것 아닌가 싶다.

검찰을 지금 이 정도로 둬서는 안 되고 제대로 제자리를 만들어줘야 하는데 참 큰일이다. 이 이슈가 너무 정치화돼버렸다. 지금 여당 대표도 검사 출신인데 이게 말이 되는 얘기인가? 다음 대선에서 검사 출신 여당 후보가 나온다고 생각하면 정말 기가 막힐 노릇이다.

"언론의 역할이 중요하다는 것이 중요한 포인트로 남았다"

— 검사와 스폰서 사건 보도가 지금 우리 사회에 주는 교훈이 있다면 무엇인가?

제일 큰 의미는 검찰이 얼마나 문제적인 집단인가를 접대문화를 통해 종합적으로 보여줬던, 첫 번째로 강한 사건이었다는 점이다. 그것을 통해 검찰의 특권의식과 자정할 능력이 없다는 것을 적나라하게 드러냈다. 어떤 특검을 통해서도 교정할 수 없고, 따라서 외부적인 수술을 통해서 교정할 수밖에 없는 집단이라는 것을 적나라하게 드러낸 사건이었다. 또 한 가지, 언론이 그것을 제대로 비판하고 제대로 보여줘야 국민들이 그걸 바꿔낼 수 있는 정보를 얻고 (검찰개혁에 대한) 결심을 할 수 있다는 것이다. 언론의 역할이 굉장히 중요하다는 것이 그 사건의 중요한 포인트로 남았다. 언론이 중요하다 보니 윤석열 정부가 계속 언론을 탄압하는 것 아니겠나?

— 지금 검사 출신들이 대통령실과 정부 각 부처, 금감원은 물론이고 국가인권위나 국민권익위까지 진출했다. 이런 현상을 어떻게 보나?

검사 출신을 대통령에 앉혀놓으니까 그렇다. 이 사람은 검사를 한 거 말고는 아는 게 없는 사람이다. 인사를 보좌하는 직책에다 검사 출신을 앉혔다. 검사와 검찰수사관이 어떤 직책에서도 유력한 후보군으로 들어갈 수밖에 없다. 우리나라의 인재군을 협애하게 쓰는 거다. 경제와 문화 강국인 우리나라에는 검찰 집단보다 훨씬 뛰어난 인재들이 많다. 처음에는 좋은 사람들이 검찰에 들어갈 수 있지만, 수십 년 동안 그 조직 문화 속에서 적응해 출세한 검사들을 국민에게 봉사하는 인재상으로 키워낼 수는 없다. 대한민국 공직자 자격 중에 가장 중요한 것이 국민의 서번트로서 국민에 봉사하는 마음의 자세인데, 나는 국민을 위해서 낮은 자리에서 노력하는 그런 인재상을 검찰에서 키워낼 수 없다고 본다.

검찰이 키워내는 인재상은 죄 있는 사람을 추적해서 잡아내고, 목표를 정해놓고 그쪽으로 몰아가는 것이다. 결국은 자기가 필요하면 봐주고, 필요하면 작은 죄도 크게 만들고, 윗사람들이 시키는 방향으로 달려가고, 그러면서 검찰 내에서 출세를 지향하는 것이다. 그런 생각을 가진 사람들이 검찰에서 출세할 수밖에 없다. 그런 사람들을 대한민국을 경영하는 각종 자리에다 데려다 놓은 것은 대한민국을 세계 10위권으로 만들어놓은 시스템을 망가뜨리는 것이다.

이런 일이 더 이상 지속돼서는 안 된다. 검사 출신이라는 것만으로 그를 고위공직에 앉히는 것에 반대한다. 검사들도 괜찮은 사람이 있을 수 있다. 검사를 끝내고 적어도 10년 정도 딴것을 경험하고 난 뒤 여러 가지 자질이 입증되면 고위공직자에 임명할 수 있을지 모르지만, 검찰이라는 좁은 집단에서 남 죽이는 일만 하던 사람을 어느 날 국민들에게 엄청나게 많은 영향을 주는 고위공직자에 임명한다? 그건 아니다. 지금 용산에 계신 분이 그것을 보여주고 있다.

— 여야를 가리지 않고 정치권과 국회 등에 율사 출신들이 많이 진출했다.

정치가 정치가 아니고 법 조문을 가지고 싸우는 것처럼 되고 있다. 정치는 타협도 하고 문제를 해결하기 위해 창의적인 행위를 해야 하는데 법 적용은 창의적인 행위가 아니다. 법 조문을 고리타분하고 보수적으로 적용하는 거다. 그런 사람들이 창의적인 정치행위를 하기는 어렵다. 그렇게 되다 보니 우리 정치가 점점 더 나빠지는 거 아닐까 생각한다.

"검찰에 힘을 실어준 것에 대한 반성이 필요하다"

— 과거에는 기업가나 지역 유지가 검사 스폰서였지만, 윤석열 정부에서는 권력 자체가 검사 스폰서인 나라가 됐다.

지금 검사 출신 대통령이 그 자리에 앉아 있으니까 그렇게 됐다. 검사 출신을 대통령으로 만들면 안 된다. 검사 출신이 대통령이 안 되도록 하려면 새로운 방향을 모색해야 한다. 우리 정치가 계속 수사를 통해 상대방의 약점을 파서 정치적으로 거꾸러뜨리는 것에 너무 골몰한다. 그래서 검찰의 힘을 이렇게까지 키워주는 거다. 그런 부분에 대한 반성이 필요하다.

— 문재인 정부에서 적폐청산 수사가 결국 검찰의 힘을 엄청 키워줬고, 이는 검찰총장 출신 대통령의 탄생으로까지 이어졌다는 지적이 많다.

엄청 키워줬다. 게다가 수사를 제대로 못 했으니까 한동훈이 기소했던 많은 사건이 무죄판결을 받았다. 그 시간을 검찰을 개혁하는 시간으로 썼어야 하는데 오히려 검찰에 힘을 실어주는 결과가 돼 오늘날 이런 문제를 생기도록 했다.

— 문재인 정부에서도 검찰개혁을 추진했지만 미완성으로 남았다. 향후 민주파 정부에서는 어떻게 검찰개혁을 추진해나가야 한다고 보나?

문재인 정부에서 검찰 권력을 줄인다고 줄였지만 국민들이 변화를 못 느낀다. 최소한 수사와 기소를 검찰이 다 담당하도록, 자기 맘대로 수사에 착수하고 종결하는 것은 아직도 안 고쳐졌다. 그런 부분을 고쳐야 한다. 김건희 경우는 주가조작이든 뭐든 수사 안 하겠다고, 기소 안 하겠다고 하면 안 하는 거다. 『뉴스타파』 같은 경우는 말도 안 되는 걸로 기소하니까 어쩔 수 없이 재판을 받고 있다. 이렇게 말도 안 되는 기소를 해서 판결에 문제가 있다고 나오면 검사 개개인에게 명백한 불이익이 가도록 하는 것이 필요하다. 제도적으로 자기 맘대로 하는 것을 못 하도록 하는 장치들이 필요하다고 본다. 검사들이 잘못 기소하면 처벌받는 것이 필요하다는 거다.
'검사와 스폰서' 1편부터 총 세 편을 만들었는데 화두가 검찰개혁이었다. 검찰이 수사도 하고 기소도 하는 시스템으로는 도저히 안 된다고 해서 그때 제시된 대안이 고위공직자비리수사처(공수처)였다. 결국 문재인 정부에서 그걸 만들긴 했는데 효용감이 없다. 검찰에 대한 많은 개혁 작업이 있었는데 검찰이 바뀌었나? 안 바뀌었다. 그런 문화 속에서 자기가 모든 것을 조작할 수 있고, 자기 죄는 없는 죄로 만들고, 동료의 죄도 없는 죄로 만들고, 다른 사람의 없는 죄는 있는 죄로 만들고. 이런 행위들을 아무렇지도 않게 하고, 그것이 큰 문제라는 인식이 전혀 없이 검찰 문화에 푹 젖어 있는 인물이 대한민국의 대통령이 됐다. 정치적 경험도 없고, 아는 것도 없는데 대통령이 된 거다. 그 사실 자체가 그때보다 더 큰 절망과 비극이다.

지금 검찰 문제는 어떻게든 해결해야 하는데, 너무 감정적인 이슈가 돼 있다. 수사기관이 없을 수는 없지 않나. 그래서 이성적으로 차분하게 접근해서 제대로 해야 하는데 정치적인 감정싸움이 됐다. 이렇게 된 것은 불행하다는 느낌이 든다. 어쨌든 검찰을 제대로 개혁할 필요가 있다는 생각을 그때나 지금이나 갖고 있다.

제2부

일러두기

이 책의 2부와 3부에는 2011년 정용재의 당시 증언을 정리해 실었습니다. 모든 진술의 시점은 2011년을 기준으로 하고 있으며, 언급된 인물의 2024년 기준 신상 정보는 반영하지 않았습니다.

검사들의
스폰서,
정용재

1장

나는 어떻게 검사들의 스폰서가 되었나

남들은 "권력기관의 도움을 받기 위해 접대하는 것 아니냐?"라고 말한다. 물론 100퍼센트 부인할 수는 없을 것이다. 하지만 당시 나는 어렸다. 20대가 건설업을 하는 경우가 당시엔 없었다. 아버지가 일찍 돌아가시면서 맏아들로서 책임감도 있었다. 검찰에 '보험'을 든다는 생각도 했고, 나로서는 '배경'도 필요했다.

아버지와 검사들

나는 1958년 경남 사천에서 태어났다. 할아버지는 농사를 지으셨는데 소농이었다. 아버지는 4남 3녀 중 셋째 아들로 태어났다. 아버지는 진주농고를 졸업하고 명문사립대 법대를 다녔다. 당시 진주농고는 진주고와 함께 지역 명문고였다. 아버지는 키 178센티미터에 몸무게가 100킬로그램이었을 정도로 풍채가 좋았다. 당시엔 사천이 워낙 시골이어서 진주까지 학교를 다니는 데 애로사항이 많았다. 버스가 거의 없어서 트럭이나 열차에 무임승차해 학교에 다녀오곤 했다. 전형적인 시골 생활이었다. 당시에는 다들 그렇게 통학하면서 공부했다고 들었다.

큰아버지는 목수였는데 할아버지와 함께 농사를 짓다가 아버지와 함께 순천에 있던 한 토목회사를 인수했다. 그걸 계기로 생계를 이어갈 수 있었다. 아버지가 왜 사법시험을 보지 않고 사업에 뛰어들었는지는 모

르겠다. 아버지가 그 토목회사를 인수해 건설회사를 설립한 해가 1958
년이었다. 내가 태어난 해였다.

당시 부산, 경남에는 허가를 받은 건설회사가 그리 많지 않았다. 경
남 사천과 삼천포를 통틀어 건설회사는 아버지 회사가 유일했다. 사천
에는 그 당시부터 제3공군전술훈련단이 있었다. 아버지는 그곳에서 활
주로 등 비행장을 만드는 데 참여해 돈을 많이 벌었다. 이후에도 공군
비행장 공사를 독점했다. 또 당시 교육 붐이 일어 많은 학교가 신축됐기
때문에 초·중·고교 신축 공사와 함께 농경지 정리 공사 등을 도맡았다.
아버지는 성실성과 근면함, 절약 정신 덕분에 성공할 수 있었다. 아버지
나 나나 관급 공사 외 사급 공사는 단 한 건도 수주한 적이 없었다.

우리 집은 초등학교 옆에 있었다. 당시 사천에 자가용이라곤 아버지
가 타던 차 두 대밖에 없었다. 아버지를 모셨던 운전기사가 아직도 생존
해 계시는데 그분은 내가 회사를 운영할 때도 내 차를 운전했다. 그분도
아버지가 엄청 엄격하다는 것을 잘 아니까 아버지를 태우고 집에 올 때
면 경적을 울려줬다. 그러면 학교에서 놀다가도 집으로 뛰어가 공부하
고 있었던 것처럼 꾸밀 수 있었다. 하지만 아버지는 한겨울에 벗어놓은
신발에서 김이 모락모락 나는 걸 보고 혼을 내셨다. 아버지는 내가 다니
던 중학교의 육성회장을 하셨는데 일부러 공납금을 미납해서 다른 학
생들과 함께 벌을 서게 만들기도 했다. 그럴 정도로 엄하게 교육시켰다.
항상 긴장 속에서 생활해야 했다.

아마도 당시 그 지역에서 아버지가 제일 부자였을 것이다. 그 시대에
자가용이 두 대나 있었으니 말이다. 하지만 아버지는 낭비라는 걸 모르
고 사셨다. 일본식 '당꼬바지'를 딱 두 벌만 맞춰서 여름과 겨울에 입었

다. 양복 입은 모습도 볼 수 없었다. 이웃을 돕는 일에는 씀씀이를 아끼지 않았지만 사회생활을 하는 데는 돈을 잘 쓰지 않아 시기와 질투를 받았다. 어머니도 아버지처럼 검소했다. 만날 몸뻬바지만 입었고, 한복이나 양장은 없었다.

아버지가 사업할 때부터 진주지청과 마산지검 검사들이 집에 드나들었다. 김정부·도규만 검사 등이 집에 왔다. 물론 요즘처럼 거창하게 검사들을 집에 '초대'하는 문화는 아니었다. 요즘과 비교해보면 검사들이 집에 자주 오는 편이었다. 아버지는 검사들과 진주에 있던 오비맥주클럽에 자주 가셨다. 아버지 지프차에 7~8명의 검사가 타고 부산이나 순천, 여수로 원정 술자리를 가기도 했다. 그때 아버지와 어울렸던 김정부 검사는 아버지가 돌아가신 다음 진주지청장으로 부임했다. 그분이 당시 얘기를 들려줬다. 김외규라는 사람이 교통사고를 냈는데 피해자가 사망하고 말았다. 그런데 10일 만에 풀려나왔다. 그분의 부친이 아버지의 선배이기도 했고, 백부님과 친구였다. 검사가 아버지의 부탁을 받고 풀어준 것이다. 아버지의 전화 한 통으로 풀려난 셈이다.

우리 집에는 검사뿐 아니라 공군비행단장, 교육장 등도 드나들었다. 아버지는 백부님으로부터 독립해 '남한건설'을 단독으로 운영하셨다. 대한건설협회 경남지부장과 전국 부회장도 지냈다. 돈을 많이 번 만큼 '스폰서 활동'도 많아졌다. 당시에 스폰서 활동은 준조세 개념이었다. 고아원은 물론이고 시군이나 경찰서, 군부대, 검찰, 경찰국 행사도 후원해야 했다. 심지어 아버지는 안기부나 보안부대의 스폰서로도 활동했다.

아버지는 마흔아홉의 아직 젊은 나이에 고혈압으로 돌아가셨다. 그때가 1984년이다. 당시 나는 군대 생활을 한 달쯤 남겨놓고 있었다. 부산대학교 사범대학을 졸업한 뒤 바로 군대에 갔는데, 아버지가 돌아가시자 바로 회사를 맡게 됐다.

부친의 사업을 물려받으면서
시작된 스폰서 생활

아버지와 백부님이 운영하던 사립 중고등학교가 있었다. 여자중학교와 여자상업고등학교였는데, 지금은 사천여중과 사천정보고로 이름이 바뀌었다. 내가 부산대학교 사범대학에 진학한 것도 이런 학교 운영과 관련이 있다. 아버지가 "꼭 상과대학을 나와야 사업을 하는 게 아니다. 하지만 학교를 운영하기 위해서는 사범대학을 나와야 한다"라고 강력하게 사범대학 진학을 권유했다.

아버지의 회사를 물려받았을 때 나는 아직 어린 나이였다. 사천 지역 유지들을 일일이 찾아다니면서 "잘 하겠다"고 인사했다. 그때 경남 지역에는 종합건설회사가 30개 정도밖에 없었다. 경쟁 건설사 사장들은 대부분 아버지뻘 이상의 연세였다. 당시 우리 회사는 관급 공사만 했는데, 서부경남에서 제일 컸다. 1991년 매출이 430억여 원이었다. 지금으로 치면 4,000억여 원이 넘는 규모다. 직원도 100여 명이나 근무했다.

지금은 진주세무서 사천지소로 돼 있는데 당시에는 삼천포세무서였다. 삼천포세무서는 삼천포를 비롯하여 사천, 남해까지 관할했다. 내가 회사를 경영했을 때 관내 세금의 40퍼센트를 납부했다. 우리가 세금을 내지 않으면 세무서 실적에 문제가 발생할 정도였다. 그래서 내가 세금을 연체하면 세무서가 발칵 뒤집혔다. 내가 일일 명예세무서장을 하기도 했다.

사천에서 유력자 치고 내 돈을 받아보지 않은 사람이나 단체는 거의 없다. 준조세 형식으로 후원해왔는데 부담이 아주 컸다. 돈을 요구하는 사람이 정말 많았다. 거부할 수 없었다. 심지어 언론사도 마찬가지였다. 지방지에 광고하는 것은 물론이고, 한 신문사당 100부를 정기구독해서 면사무소, 군청, 시청 등에 뿌렸다. 모든 언론사에 골고루 수시로 수백만 원씩 광고를 집행해야 했다. 하물며 수재의연금 등도 골고루 분산해서 냈다. 돈을 많이 후원한다는 소문이 나니까 각종 단체들도 손을 내밀었다. 이름을 기억할 수 없을 정도로 많았다. 이때 순수한 마음으로 소년소녀가장 10여 명과 자매결연을 맺어 정신적, 경제적으로 지속적인 후원을 하기도 했다. 특히 정신적 후원에 많은 관심을 뒀다. 지금은 모두가 성장했을 것인데 많이들 보고 싶다. 끝까지 후원하지 못해 지금도 마음이 아프다.

내가 직접 나서서 연을 맺기보다는 사람들이 자신들의 필요에 따라 나를 찾아왔다. 예를 들어 경찰서 정보과 과장이나 담당 주임이 서장을 모시고 온다. 그렇게 서장하고 자리 한번 하면 "경찰의 날 행사에 후원을 해달라", "초소를 하나만 지어달라" 등의 부탁을 내놓는다. 경찰뿐 아니라 안기부 주재관, 보안부대장과 요원들에게도 스폰서 활동을 했다. 당시는 전두환 정권이라 안기부나 보안부대의 힘이 셌다.

또 나는 사천에 있는 비행단장(준장)과 비행대대장(중령) 등 고급장교들의 스폰서이기도 했다. 진주에 공군교육사령부도 생겼는데 이곳을 거쳐간 사람들은 거의 다 공군참모총장이 됐다. 김홍래·김성일·이양호·

조근해 장군 등이 이곳을 거쳐갔다. 조근해 장군만 빼고 대부분 성 접대도 받았다.

또 사천에 골프장이 있었는데 "골프 행사를 주최해달라"고 요청해오면 골프 행사도 후원했다. 그렇게 해서 나도 골프를 배웠다. 당시 부산, 경남에서 20대에 골프를 친 사람은 나 말고 없었을 것이다. 각 기관장, 진주시장, 진양군수, 삼천포시장, 사천군수를 비롯해 진주KBS 총국장, 진주MBC 사장, 안기부 진주분실장 등과 골프를 치러 다녔다. 전남 곡성 컨트리클럽에 주로 갔는데, 경찰서장이나 검사들을 모시고 새벽에 출발하기도 했다. 항상 돌아오는 길에 광양에 들러 유명한 광양불고기를 먹고 진주에 도착하여 2차 술자리를 가졌다. 당시 기관장들은 나이가 젊은 편이어서 대부분 성 접대도 받았다. 다만 교육장들은 연세가 많아 성 접대는 하지 않았다.

경남에 종합건설회사가 30군데밖에 없었는데, 지역에 공사가 나면 30개 건설회사가 담합을 했다. 담합은 그 시대의 관행이었다. 황 아무개 사천군수는 돈을 바라면서 경쟁을 시켰다. 과장이나 계장이 지시를 받고 우리 회사에 오면 할 수 없이 거액을 줬다. 그럼 경쟁 분위기는 사라지고 공사가 남한건설에 떨어졌다. 다른 회사도 마찬가지였다. 각 건설사가 소재한 지역의 공사는 대부분 이런 방식으로 그 지역 건설회사가 도맡았다.

각 자치단체에서 경리관의 역할을 맡고 있는 사람이 부군수와 총무국장이다. 부군수는 부시장과 예정 가격을 책정하고 보안을 유지하고 입찰을 진행한다. 황 아무개 부군수는 아주 노골적이었다. 공사를 따내려면 예정 가격을 알아내야 하는데, 전날까지도 안 가르쳐줬다. 오전 11

시 입찰이면 전날 저녁 또는 입찰 직전까지 담판에 들어간다. 그러면 노골적으로 돈을 요구했다. 딸 결혼식을 치른다 어쩐다 하는 명목이었다. 아파트를 분양받았는데 분양가를 낮춰달라고 요구하기도 했다. 하물며 현재도 공무원으로 재직 중인 당시 실무자들은 더 말할 것이 없다. 공사 계약에서 시공, 준공까지 언제나 향응, 접대와 돈이 들어갔고, 모두마다 않고 받았다. 다른 지역 경리관과 담당 실무자들도 마찬가지였다. 지금은 입찰 방식이 바뀌어 많이 개선되었다.

검사들과의 끈끈한 나날들

나는 1985년께 법무부와 검찰에서 위촉하는 갱생보호위원과 소년선도위원으로 활동했다. 그런 활동을 하려면 돈이 들기 때문에 지역 유지를 위원으로 위촉했다. 사실 내가 갱생보호위원이나 소년선도위원을 어떻게 알아서 맡았겠나? 검찰에서 나한테 연락해서 맡아달라고 했다. 사업을 영위해나가기 위해서는 맡을 수밖에 없었다. 내가 제일 젊으니까 부회장이 돼서 제일 많이 활동했다. 그런 활동으로 인해 검찰청 출입이 잦았다.

보통 검찰의 사무과장이 검사들을 소개했다. 사무과장이 검사를 소개하면 내 명함을 주고 검사들과 이름을 텄다. 지청장은 나이가 많지만 검사 중에는 나와 비슷한 또래가 있어서 가깝게 지낼 수 있었다. 검사 스폰서 활동은 체육대회, 등반대회 등 행사 비용을 대는 데서 출발했다. 또 갱생보호위원 등을 맡다 보니까 휴가 때든, 자기 손님이 놀러올 때든 "'스폰'을 해달라"며 전화를 해왔다. 검사들이 "한잔하고 싶다"고 하면 함께 회식을 하고 2차를 갔다. 당시 성 접대는 필수였다. 물론 끝까지 성 접대를 거부한 검사도 일부 있었다. 하지만 극히 일부만 빼고 성 접대를 안 받은 검사가 없었다.

검사들을 접대했던 곳의 이름이 생각난다. 진주 갑을불고기, 사천 가산횟집, 진주에 있는 오동나무집, 보통식당, 추사루 등의 음식점과 향방, 웅궁정, 왕중왕 등의 룸살롱이었다. 자주 다녔기 때문에 지금도 생생하게 기억난다. 대부분 진주에 있었는데, 웅궁정만 요정이고, 향방과 왕중왕은 룸살롱이었다. 향방은 룸살롱 중에서 제일 컸다. 당시에는 룸살롱보다는 요정이 많았는데, 요정 중에서는 웅궁정이 최고였다. 여종업원만 50명 정도 있었다. 새로 아가씨가 들어오면 사장이나 지배인, 마담이 직접 아가씨를 데리고 회사까지 찾아와서 소개를 시켰다. 룸살롱도 요정도 다 그랬다. 그렇게 인사를 오면 수일 내에 그 술집에 갔다. 그렇게 출입한 곳이 열 곳도 넘는다. 밥과 술, 여자, 촌지 등이 모두 스폰서 활동이었다.

남들은 "권력기관의 도움을 받기 위해 접대하는 것 아니냐?"라고 말한다. 물론 100퍼센트 부인할 수는 없을 것이다. 하지만 당시 나는 어렸다. 20대가 건설업을 하는 경우가 당시엔 없었다. 아버지가 일찍 돌아가시면서 맏아들로서 책임감도 있었다. 검찰에 '보험'을 든다는 생각도 했고, 나로서는 '배경'도 필요했다. 또 검사들이 으레 '스폰'을 요구하니까 안 해줄 수도 없었다. 지금 생각해보면 지나친 지출이었다.

검사들에게 '촌지'를 주는 일은 월례 행사였다. 수표는 절대 안 주고, 현금으로만 줬다. 그것도 반드시 신권으로 바꿔서 줬다. 지청장에게는 1

회 100만 원, 검사들에게는 1회 30만 원을 줬다. 한 달에 두 번 줬으니까, 지청장은 한 달에 200만 원, 검사들은 60만 원을 받아간 셈이다. 물론 검사들을 중개한 사무과장에게도 30만 원을 줬고, 공사와 직접 관련돼 있는 시장이나 군수에게는 상상할 수 없는 돈을 줬다. 경찰서장은 2년 근무하는 동안 십수 차례 촌지(1회 30만 원 정도)를 받았다.

촌지를 주러 가기 전에 경리를 시켜 돈을 신권으로 바꿔놨다. 경리가 신권을 가져오면 부속실의 비서실장 등이 100만 원짜리, 30만 원짜리, 10만 원짜리 '봉투'를 만들었다. 그리고 수행비서를 데리고 검찰로 갔다. 나중에는 BMW로 바뀌었지만 당시에는 벤츠를 타고 검찰을 드나들었다. 검사실에 가면 계장들이 있다. 지금은 약해졌지만 당시엔 이들의 '끗발'이 셌다. 그들은 그 지역의 토착 세력이었기 때문에 초임 검사들이 눈치를 많이 봤다. 그들한테도 10만 원이나 20만 원을 줬다. 일반 여직원이나 전화 교환원에게도 회식비 지원은 물론이고 돈도 줬다.

지금은 많이 개선됐지만 당시 검사실은 열악했다. 하지만 평검사라고 해도 방이 따로 있었다. 지금은 많이 오픈돼 있지만 당시에는 검사실이 폐쇄적이었다. 돈을 내놓으면 자연스럽게 받았다. 돈 안 좋아하는 검사는 없었다. 돈을 주면 "뭐 이런 걸 또 주시나?", "오늘 회식하면 돈 써야 하는데 이렇게 돈을 주면 우짜노?" 이런 반응을 보였다. 회식할 때는 회식비 외에 교통비 조로 20~30만 원씩 건네곤 했다. 처음에 안 받으려고 하는 검사들도 있었다. 2년 전까지 헌법재판소에서 근무하다가 지금은 부산대학교 로스쿨 교수로 가 있는 김승대 검사, 법무부 고위간부였던 황희철 검사 등 2~3명 정도가 그랬던 것 같다. 하지만 그들도 나중에는 다 받았다. 진주에서 깐깐하기로 소문난 백승일 검사도 마찬가지였다. 그는 안면을 트고 나서는 내가 운영하는 사우나를 제일 많이 이용했고, 그 뒤로는 촌지도 받았다.

내가 검찰 갱생보호위원과 소년선도위원을 맡게 된 과정은 이렇다. 원래 내가 개인적으로 알고 지내던 검사는 없었다. 아버지 때 평검사였던 김정부 검사가 진주지청장으로 부임했다. 그분을 통해 검사들을 소개받기도 했다. 평소 알고 지내던 김호연 갱생보호위원한테서 전화가 왔다.

"회사를 맡게 됐는데 배경이 될 만한 좋은 사람을 물색해봐야 할 것 아니냐? 검찰청 갱생보호위원을 한번 해봐라."

그래서 검찰청 갱생보호위원과 소년선도위원으로 위촉됐다. 갱생보호위원회는 지금 범죄예방위원회(범방위)로 바뀌었다. 갱생보호위원회 진주지부는 사천과 삼천포, 남해, 하동, 의령, 산청, 진양까지 관할했다. 당시 진주지청 관할이 진주시 등 8개 시군이었다. 지역마다 갱생보호위원이 한 명씩 위촉됐다. 그 숫자가 10명이 안 됐다. 내가 제일 젊었다. 다른 위원들은 50대 이상이었다. 당시 회장이 제정규 씨였고, 나는 부회장을 맡았다. 그런데 제 회장 이외에 재력 있는 사람은 별로 없었다. 그런 사람들은 그냥 식사만 하고 가고, 내가 저녁에 스폰서가 됐다.

원래 갱생보호위원은 출소자들을 경제적으로 지원해주고, 취업도 알선해주는 역할을 했다. 내가 가장 많은 출소자를 맡아 활동했다. 소년선도위원은 범죄를 저지른 미성년자들을 구속시키지 않는 대신 선도하는 자리다. 면담한 뒤에는 보고서를 썼다. 소년선도위원은 검찰청에서 연락해와 활동하게 됐다. 이 공로로 법무부 장관 표창과 검사장 표창을 받기도 했다.

검사로서 처음 만난 사람은 현재 변호사로 있는 도규만 검사였다. 도검사뿐 아니라 김정부 검사 등은 아버지와 알고 지내던 분들이었다. 또김성희 검사는 경북고 출신으로 김천지청장까지 했다. 옛날에 안기부에파견 나갔다가 사건을 해결해주고 자동차를 받아 옷을 벗었다. 동료 검사들은 그가 향후 검찰총장감인데 아깝다고 말했다.

나는 검사들을 '영감님'이라고 불렀다. 검사들과 시장, 군수들의 자리를 많이 만들었는데, 시장과 군수들도 젊은 검사들을 영감님이라고 불렀다. 검찰 사무과장이 "삼천포시장, 사천군수, 진주시장, 진양군수, 삼천포와 진주세무서장, 삼천포와 진주경찰서장이랑 밥 한번 먹자"고 연락을 해온다. 그러면 검사들한테 시장, 군수 등을 소개시켜줬다. 반대로시장, 군수, 경찰서장, 세무서장들이 나에게 지청장 및 검사들과의 향응, 접대 자리를 만들어달라고 부탁하여 많은 자리를 만들기도 했다.

지청에 가면 제일 먼저 지청장실에 들러 인사를 한다. 물론 사무과장한테도 인사를 해야 한다. 사무과장은 계장들을 통솔하는 직책이어서파워가 셌다. 그러고 나서 각 검사실로 가서 명함을 건넨다. 사무과장이 나를 각 검사실로 데리고 다니면서 인사를 시켰다. 보통 사무과장이이렇게 나를 검사들에게 소개했다.

"이분은 남한건설 사장이시고, 특히 우리 청 갱생보호위원과 소년선도위원으로 활동하고 있습니다."

그렇게 나를 소개하면 검사들이 자기들 명함을 준다. 서울에서 발령받아 내려온 어떤 검사는 "전임자한테 소개받았다"라고 나한테 얘기하기도 했다. 부임해서 이런 식으로 인사를 주고받은 뒤에는 음식점에서만났다. 사천 소재 가산횟집과 진주에 있는 오동나무집, 추사루, 보통식당 등이 단골이었다. 일명 '방석집'이었는데 접대하는 여자들도 있었다. 당시 비싼 양주였던 VIP를 마셨다. 이곳에서는 성 접대가 없었다.

그런데 상견례를 한 날에 2차를 간 검사도 있었다. 고려대 출신 최근서 검사였다. 그는 비행기를 타고 사천공항으로 내려왔다. 김진오 검사가 그를 소개했다. 총각이어서 혼자 관사에 들어가면 심심할 것 같아 내가 접대를 했다. 내 승용차로 그를 모시고 진주로 왔다. 식사 장소는 기억나지 않고, 1차 술자리는 웅궁정에서 했고, 2차 성 접대는 진주 동성동 소재 해중호텔에서 했다. 나하고 학번이 같았지만 내가 영감님이라고 불렀다. 영감님이라고 부르지 말라고 한 검사는 한 명도 없었다. 대접받고 싶었던 것이다.

2장

검사 접대 일지: 대한민국 검사들, 이렇게 놀았다

2차비가 10만 원이었기 때문에 이 놀이에 참여하는 아가씨는 50만 원이라는 큰돈을 벌게 된다. 내가 돈을 테이블 위에 올려놨다. 그런데 김 검사가 자원했다. 그의 파트너도 동의했다. 그래서 병풍 뒤에서 옷을 벗고 성관계를 맺었다. 당시 벌인 놀이에는 조건이 있었다. 실제로 성관계를 하는지 확인해야 한다는 것이었다. 실제로 그 짓을 하는 광경을 병풍 뒤에서 구경하고 있던 우리는 박장대소했다.

검사들의 술자리 즉석 '막장' 놀이

김 검사(정용재 씨는 해당 검사 이름을 밝혀놓았는데 접대 내용이 아주 민망하여 책에서는 성만 적었다._편집자 주)는 '2호실 검사'였는데, 술에 취하면 동료 검사들에게 "내가 2호 검사라고 무시하면 안 되지"라고 했다. 그는 웅궁정에서 아주 야한 '놀이'를 했다. 아직도 그 장면이 뚜렷하게 떠오른다. 아주 큰 방이었다. 나는 그의 맞은편에 앉았고, 동료 검사가 3명 있었다. 당시 아가씨들 팁이 2만 원이었고, 2차비(성 접대비)가 10만 원이었다. 양주 한 병에 2만 5,000원 할 때였다.

"우리 재미있는 놀이 한번 하자. 여기서 자기 파트너하고 즉석 섹스를 하는 아가씨한테 2차비를 다 몰아주자. 물론 쌍방이 합의해야 한다."

2차비가 10만 원이었기 때문에 이 놀이에 참여하는 아가씨는 50만 원이라는 큰돈을 벌게 된다. 내가 돈을 테이블 위에 올려놨다. 김 검사가 자원했다. 그의 파트너도 동의했다. 그래서 병풍 뒤에서 옷을 벗고 성관계를 맺었다. 당시 벌인 놀이에는 조건이 있었다. 실제로 성관계를 하는지 확인해야 한다는 것이었다. 실제로 그 짓을 하는 광경을 병풍 뒤에서 구경하고 있던 우리는 박장대소했다. 유독 섹스와 술을 좋아했던 김 검사는 성 접대를 한 번도 거부한 적이 없을 정도였다.

당시 1호 검사는 노승수 검사였다. 그는 평소 점잖았는데 술만 마시면 농담으로 자신이 1호 검사라는 것을 유달리 강조했고, 뒤로 몸을 젖혀 장애물(끈 등)을 지나가는 놀이를 즐겨했다. 그 밑에서 시보를 봤던 사람들도 예외 없이 춘지, 성 접대를 받았는데, 그중에는 현재 검사장도 포함돼 있다.

서울대 출신 최용석 검사는 당시 신혼이었는데도 술만 마시면 성 접대를 받았다. 그는 인기 대중가수 김 아무개 씨와 친했고, 기타를 잘 쳤다. 그로부터 가수 김 씨를 소개받기도 했다. 한번은 술을 먹고 같이 관사 아파트에 간 적이 있었다. 새벽 1~2시인데도 앰프 틀어놓고 기타를 쳤다. 그때는 검사 힘이 지금보다 더 막강했기 때문에 아래위층 주민들의 항의도 없었다. 요즘 같으면 검사면 검사지 이렇게 시끄럽게 하느냐며 난리가 났을 것이다.

나는 남한건설과는 별도로 남한플라자를 설립했다. 남한플라자는 총 6층 건물로 지상 5층, 지하 1층이었다. 연건평이 1,500여 평에 이른다. 사천에서는 제일 큰 건물이었다. 지하 1층에는 룸살롱이 있었고, 1층에는 커피숍과 웨딩숍, 2층에는 예식장, 3층에는 사우나와 헬스클럽이 있었다. 4층이 모텔이었는데 호텔만큼 좋았다. 룸살롱은 1년쯤 직영하다가 임대해줬고, 모텔은 우리가 직접 경영했다.

접대를 위해 룸살롱이나 모텔을 경영한 것은 아니지만, 이곳에서도 술과 성 접대가 이뤄졌다. 진주지청장 등을 이곳에서 접대했다. 경북고 출신 서돈양 검사가 진주지청장으로 있을 때 진주지원과 진주지청이 단합대회를 열었다. 단합대회가 끝난 뒤 서 지청장 등 검사와 판사 15명 정도를 내가 운영하던 룸살롱에 모셨다. 입구 왼쪽의 제일 큰 룸이었다.

검사들은 요정에서도 아가씨들 한복 저고리를 다 벗기고 가슴을 만지고, 심지어 입으로 희롱하기도 했다. 한마디로 가관이었다. 그에 비해 시장, 군수는 검사보다 점잖았다. 시장, 군수는 50대이고, 검사들은 지청장 빼고 대개 30대였다. 그런데 최 아무개 사천군수는 야하게 노는 쪽으로 이름이 높았다. 그는 고시 출신이 아닌데도 7급에서 3급으로 출세했다. 내무부에서 일하다 내려왔는데 참 야하게 놀았다. 삼천포시장과 검사들이 술자리에 있는데도 아가씨들 옷을 벗겨 가슴을 만지고 입으로 희롱했다. 심지어 아가씨의 은밀한 곳까지 만졌다.

검사들만 후원한 게 아니라 검사 시보들에게도 스폰서 노릇을 했다. 검사 방마다 시보들이 들어와 3개월 정도 있다가 갔다. 내가 요정도 데려가고 용돈도 줬다. 시보들은 웅궁정을 선호했다. 아가씨들이 브래지어를 안 찼고, 속옷 벗기기가 쉬워서 재미있었기 때문이다. 또 요정을 접하기 힘든 탓도 있었다. 현재 검사장인 김경수 검사도 시보 때 만나 성접대를 했다. 그런데도 떠날 때 인사하고 간 사람은 아무도 없었다.

앞에서 언급하기는 했지만 검사와 촌지 이야기를 조금 더 해보겠다. 촌지를 주는 일은 무슨 수학 공식처럼 '한 달에 두 번'이었다. 지청장(100만 원)과 평검사(30만 원), 사무과장(30만 원), 계장(10만 원)은 물론이고 지청장 부속실 소속 여직원, 각 검사실 여직원, 전화 교환원에게도 10만 원씩 줬다. 진주지청은 규모가 크지 않아 여직원들이 많지 않았다. 여직원들에게 회식도 시켜주고 요정과 룸살롱도 구경시켜줬다.

하 아무개 경리부장 밑에 유 아무개 대리가 있었다. 그가 은행에 가서 신권으로 돈을 찾아오면 비서실에서 봉투를 만들었다. 당시 비서실에는 남자 직원과 여자 직원이 한 명씩 있었다(여직원 2명이 근무할 때도 있었다). 액수별로 봉투를 만들어 각 기관을 돌았다. 지청의 경우 지청장까지 합쳐 검사가 7명 정도였다. 양복 주머니에 신권을 담은 봉투를 넣고 각 검사실을 돌아다녔다. 보안대, 안기부 등에도 들렀다.

지청 검사실에는 손님을 응접할 수 있는 방이 있었다. 거기에 들어가서 이런저런 얘기를 하다가 봉투를 내밀면 당연히 받았다. 한두 번 받는 게 아니니까 으레 받는다. 처음에 한두 검사는 안 받았다. 백승일 검사와 김승대 검사가 그랬다. 특히 백 검사는 굉장히 깐깐했다. 하지만 나중에는 다 돈을 받았다.

그 깐깐하던 백 검사는 오히려 나를 찾아오기도 했다. 항상 진주에서 사천까지 와서 내가 운영하던 남한프라자 사우나를 이용했다. 그때마다 나를 불렀다. 깐깐한 검사였지만 한번 트고 나니까 돈을 잘도 받았다. 촌지를 한 번도 안 받은 검사는 단 한 명도 없었다. 급여가 많지 않은 탓도 있었지만, 특히 죄의식이 없었다. 다른 업체에서도 이렇게 검사들에게 촌지를 건넸을 것이다. 나만 준 게 아니었다. 나는 횟수가 다른 사람들보다 좀 많았을 뿐이다.

특히 나는 검사들이 지청을 떠날 때도 완벽하게 모셨다. 우선 전별금으로 30만~50만 원을 건넸다. 카페 등 술집 외상값도 다 갚아줬다. 특히 1986년부터는 금 마고자 단추를 선물로 줬다. 평생 기억에 남으라고 특별하게 순금 마고자 단추를 선물했다. 진주 중안동 소재 신금당(평화보석감정원 겸업)이라는 보석 가게에 50세트 정도를 미리 주문해놨다.

보통 '행운의 열쇠'를 많이 주는데 나는 특별하게 순금 마고자 단추를 선물했다. 1986년 이후 진주지청을 거쳐간 검사들은 다 이 순금 마고자 단추를 갖고 있을 것이다. 서 돈짜리 2개를 한 세트로 선물했다. 보통 마고자 단추 하나에 금이 한 돈 정도 들어가는데, 단추 안까지 금으로 채워서 서 돈이 들어갔다. 당시 금 한 돈에 5만 원쯤 했으니 마고자 단추 한 세트에 30만 원쯤 들었을 것이다.

특별한 기억으로 남게 하려고 그런 특별한 아이디어를 생각해냈다. 명절 때 한복을 많이 입던 시절이었다. 총각도 있었고, 갓 결혼한 검사도 있었다. 사실 순금 마고자 단추 선물은 획기적인 발상이었다. 검사들도 신기하니까 아주 좋아했다. 이것을 검사들에게 선물할 때마다 "돈은 써버리면 흔적이 없어진다"라고 말하면서 이렇게 덧붙였다.

"한복을 입을 때마다 이 순금 마고자 단추를 보고 저를 생각해달라. 우리 우정을 잊지 말자."

순금 마고자 단추 선물은 1991년까지 계속했다. 최소 30명의 검사가 받지 않았을까 싶다. 이번에 검사와 스폰서 사건이 터진 뒤에 다들 그 순금 마고자 단추를 찾느라고 난리를 피웠을 것이다. 명백한 증거를 찾아서 버려야 했을 테니 말이다.

검사와 스폰서, 악어와 악어새의 공생 관계

언젠가 김동철 부산고검장이 진주지청 순시 때 내 사무실을 방문했다. 저녁 시간이 되기 전인 오후 3시쯤부터 지하 룸살롱에서 폭탄주 스무 잔을 마셨다.

서돈양 지청장은 나더러 김동철 검사장의 책 발간 기념회에 가서 200만 원을 전달하고 자기 체면을 세워달라고 부탁한 적이 있다. 그래서 나는 부산까지 가서 책을 한 권 받고 200만 원을 전달하고 돌아온 적이 있다(당시 부산고검이 부산 서구에 소재했다).

나는 검사들에게 자주 청탁을 했는데 개인적인 것보다 지역 민원이 많았다. 제일 기억에 남는 것은 박기준 검사와 관련된 것이다. 한번은 박 검사가 진주지청 검사일 때 술집 단속을 나갔다. 내 선배가 사천에서 나이트클럽을 하고 있었다. 박 검사가 검찰 직원들하고 비 오는 날 낮에 검사 신분증을 보여주면서 "단속 나왔다"라고 했다. 그런데 지배인으로 있던 중학교 후배가 우산대로 박 검사의 가슴을 찌르면서 이렇게 비아냥거렸다.

"검사라고? 네가 검사는 무슨 검사야?"

그러고는 박 검사의 신분증을 빼앗아 하수구에 버렸다. '사건'이 터진 것이다. 결국 박 검사가 사천읍 지서에 내 후배 및 종업원들을 유치시켰다. 그런데 박채회 지서장이 임의로 다 풀어줘버렸다. 당시는 경찰서장이 검사한테 '영감님, 영감님' 하면서 쩔쩔매던 시절이라 난리가 나버렸다. 경찰서장의 목이 날아가게 생긴 것이다. 당시 배원호 삼천포경찰서장이 나한테 만나자고 전화를 해왔다. 그날 나는 경남도경 경찰국장과 창원에서 저녁 약속이 있었다. 막 출발하려고 하는데 배 서장이 사무실로 달려왔다. '일'을 저지른 박 지서장이랑 함께 왔다.

"정 사장, 큰일 났다. 박 지서장 목이 날아가게 생겼다. 제발 검찰 쪽에 손을 써서 일을 수습해달라."

그렇게 다급하게 부탁을 해서 서돈양 진주지청장에게 갔다. 물론 경찰국장한테는 상황을 설명하고 조금 늦게 가겠다고 말했다. 경찰국장도 "그것 수습한 뒤 창원으로 넘어오라"고 했다. 지청장실에 가서 "한번만 봐달라"고 사정했다. 그랬더니 지청장이 박 검사를 불러 "이번 사건은 없었던 걸로 하자"라고 했다. 박 검사도 "알겠다"고 했다. 서 지청장과 박 검사는 경북고 선후배 사이다. 결국 박 지서장은 직위 해제나 구속을 당하지 않고 한 단계 낮은 곤양지서(사천시 소재)로 전보 조치됐다. 이렇게 징계 없이 자리를 이동시키는 선에서 사건을 무마한 뒤 박 검사실에 가서 "지역에서 제기된 민원이라 어쩔 수 없었다. 미안하다"라고 했다. 그러나 박 검사가 이렇게 말했다.

"지청장이 내 선배다. 지청장 부탁이지만 정 사장만 아니었으면 그냥 넘어갈 사안이 아니다."

사실 박 지서장이 구속될 수 있는 큰 사건이었다. 검사들이 경찰서장을 발톱의 때만큼도 생각하지 않을 때였다. 경찰서장이 부임하면 으레 각 검사실을 돌며 인사한다. 또 경찰서장들은 부임하면 내 사무실에 왔다. 진주서장과 삼천포서장은 당연하고, 남해·하동·고성·산청 서장들까지도 인사하러 오곤 했다. 경찰국장과는 대대로 가까운 사이라 누구 줄을 잡아야 하는지 알기 때문이다. 이 사건을 무마한 뒤 지청장과 박 검사에게 사례금 조로 돈을 건넸다(지청장에게는 200만 원쯤 줬다).

경찰을 봐준 사건은 더 있었다. 경사 계급의 한 경찰이 뇌물수수 건으로 검찰수사를 받았다. 정보과에서 근무하던 그는 내 선배였다. 이 사건도 경찰서장이 수습을 부탁했다. 당시 진주지청장이 국회의원을 지냈던 함석재 검사였다. 함 지청장에게 가서 이렇게 사정했다.

"지청장님, 한번만 살려주십시오. 정년도 얼마 안 남았고, 현재 많은 나이임에도 대학 다니는 자식이 있다고 합니다. 그러니 한번만 봐주세요."

결국 그 경찰의 뇌물수수 건은 유야무야됐고 그 후 사표를 제출하는 것으로 마무리됐다. 불구속 입건도 하지 않았다. 당시 함 지청장에게 100만 원쯤 준 것으로 기억한다. 내가 기억을 못 해서 그렇지 검사들에게 그렇게 청탁해서 해결한 사건이 많았다. 전라도와 경상도 조직들이 남해 상주해수욕장에서 밤에 패싸움을 벌였다. 그로 인해 후배가 구속이 됐다. 박기준 검사가 주임검사였는데, '단순폭력'으로 공소장을 변경해줬다. 야간에 등 뒤에서 칼로 찔렀기 때문에 중형이 예상됐는데, 재판 중에 부탁해서 결국 공소장을 바꿨다.

당시 그렇게 할 수 있었던 것은 스폰서 활동의 힘이었다. 평소 촌지 제공, 술 접대, 성 접대 등을 안 하면 사건이 터진 뒤에 억만금을 갖다준다고 해도 사건을 해결할 수 없다. 사후약방문일 뿐이다. 평소에 촌지를 주고 향응, 접대를 해야 나올 수 있는 결과다.

원정 접대를 하기 위해 부산에 자주 갔다. 진주는 좁기 때문에 2차(성접대)를 하는 것도 부담스럽고, 진주에서만 놀면 재미가 없으니까 그랬다. 당시에는 부산까지 가는 길이 밀리지 않았다. 진주에서 1시간 20분이면 부산에 도착할 수 있었다. 오후 6시 퇴근 후 진주지청 앞에서 즉시 부산으로 이동했다. 부산시 문현동 소재 코리아시티라는 룸살롱이 있었다. 1층부터 5층까지 모두 술집이었을 정도로 당시 부산에서 제일 큰 술집이었다. 부산에서 제일 크다는 얘기를 듣고 거기를 갔다.

1988년인가를 전후해서 부산 원정 접대를 많이 갔다. 접대했던 박기준, 민유태, 최근서, 김진오, 백승일 등은 모두 평검사였다. 이런 에피소드가 있었다. 박연차 게이트에 연루돼 옷을 벗은 민유태 검사가 진주지청에서 부산지검 동부지청으로 자리를 옮겼다. 당시 태광실업 박연차 회장이 마약 혐의로 구속돼 있었다. 민 검사가 박 회장 등 40여 명을 구속 또는 불구속 입건시킨 대형 사건이었다. 이 사건이 터지기 며칠 전에 모델에이전시 소속 모델들과 민 검사 등 부산 동부지청 검사들이 술자리를 가졌다. 그런데 당시 술자리에 있었던 아가씨들이 박 회장 마약 사건과 연루돼 잡혀왔다. 얼마 전 검사들에게 성 접대를 했던 아가씨들이 피의자 신분으로 조사를 받는 웃지 못할 일이 발생한 것이다. 요즘 시대에 이런 일이 벌어졌다면 아가씨들이 검사들을 상대로 그냥 넘어가지 않았을 것이다. 당시 내가 민 검사 계좌로 수사비로 쓰라며 300만 원을 보내줬다. 그는 동부지청 동료 검사들과 식사 접대 및 향응도 수차례 받았다.

지청장들은 나이가 많아서 원정 접대는 안 다녔다. 부산으로 원정 온 검사들은 부산 호텔에서 자고 다음 날 아침 검찰청으로 바로 출근했다. 부산에 오면 언제나 이렇게 자고 갔다. 아가씨들도 아침까지 검사들과 같이 있었다. 다음 날 아침 호텔 앞에 운전기사가 대기해 있다가 바로 지청으로 출근을 시켜줬다. 특히 부산에서 모델들을 진주로 불러 노는 경우가 있었다. 검사들이 술집 아가씨들보다 모델들을 선호했다. 모델들이 술집 여성들보다 미모도 뛰어나고 성적으로 더 깨끗하다고 생각한 것 같다. 모델들은 부산에 있던 지인의 소개로 알게 됐다.

모델들이 부산에서 진주로 내려올 때 고속도로순찰대의 호위를 받았다. 고속도로순찰대 6지구대에서 호위를 해줬다. 내가 부탁했고 검사들의 보이지 않는 힘으로 당시 순찰대장이던 어청수 씨가 알아서 해줬다. 대원들이 40명쯤 됐는데, 그렇게 모델들을 진주로 부르는 행사를 치를 때마다 촌지를 줬다. 당시 차가 많은 시절이 아니긴 했지만, 순찰대원들은 나와 우리 회사 차를 다 기억하고 단속을 안 했다. 내가 어청수 순찰대장을 고속도로순찰대 본대 대장으로 발령 나도록 부탁했다. 당시 어청수 순찰대장은 서울 경찰국 작전계장으로 있었는데, 내가 서울에 올라가 당시 교통을 총괄하고 있던 치안본부 치안감을 현재까지도 존재하는 강남구 역삼동 소재 오죽헌으로 불러 어청수 순찰대장과 인사시키며 부탁했다.

모델들을 진주뿐 아니라 부산으로도 불렀다. 진주에서 검사들을 데리고 부산으로 갈 때도 고속도로순찰대에서 호위를 해줬다. 문현동 소재 코리아시티 등 부산의 룸살롱으로 모델들을 불러서 놀았다. 폭탄주에 이어서 유두주도 마시고, 2차도 갔다.

경남도의원 그리고 김 검사

나는 민자당 소속의 경남 초대 도의원(경남 사천, 문교사회분과위)을 지냈다. 내가 1991년 도의원으로 당선됐을 때 축전을 보내온 검사 명단이 아직도 기록돼 있다. 광주에 있는 검사한테도 오고, 전주에 있는 검사한테도 오고… 20명 이상 보내왔다. 그만큼 내가 검사들을 폭넓게 관리했다는 증거다. 그런데 도의원이 된 이후에는 관급 공사 계약을 내 이름으로 할 수 없었다. 그래서 건설업을 하던 동생에게 남한건설을 양도하고, 나는 남한프라자만 운영했다. 당시 토지 등 기본재산이 많았기 때문에 나는 정치 쪽으로 나갈 생각이었다. 그런데 동생이 아랫사람의 꾐에 빠져 사고를 쳤다. 나는 회사를 동생에게 양도했으니까 당좌수표나 어음의 발행자도 당연히 동생으로 바뀌었을 것으로 생각했다. 그런데 내 명의로 발행돼 형사처벌을 받게 됐다.

법인 연대보증 때문에 70억여 원을 물어줬다. 그래서 남한건설을 계속 운영할 수가 없어 문을 닫고 부산으로 넘어왔다. 부산에서는 대기업 공사의 시공 참여자로 선정됐다. 협력업체가 된 이후에는 돈을 많이 벌었다. 이때도 물론 진주지청에서 근무했던 검사들과는 계속 연락이 유지됐다.

진주지청에 근무했던 검사로 술자리 매너가 깔끔한 김진오 검사라고 있다. 박기준 검사와 동기인데 최근에 어느 지역 고검으로 발령이 났다고 한다. 등산을 좋아하는 그는 항상 "평검사로 있더라도 옷은 벗지 않겠다"라고 말했다. 김 검사는 두 번이나 부산고검에 왔다. 김 검사 소개로 다른 부산고검 검사들을 많이 알게 됐다. 대표적으로 성남지청차장을 지낸 김태희 검사가 있다. 그리고 조정환·안종택·박종환 고검 검사들은 수사에 영향을 미치는 검사들은 아니지만 김진오 검사의 부탁도 있고 해서 옛날의 연으로 예의상 접대를 했다. 부산지검에는 아는 검사들이 많지 않아서 부산고검에 접대를 엄청나게 했다.

부산고검 검사들은 부산 광안리에 있는 송원일식집에서 자주 접대했다. 이들은 주로 부장검사로 나이가 많고 점잖은 편이었다. 가족과 떨어져 검찰청 관사에서 살고 있었는데, 검찰청 관사가 송원일식집 근처에 있어서 1차를 그곳에서 했다. 그리고 2차는 당시 부산 남부세무서 근처 단란주점 두 곳(지하)에서 했다. 술 접대는 했지만 성 접대는 별로 없었다. 촌지도 김 검사 등 일부 검사들에게만 줬다. 고검 검사들의 고민은 주로 저녁 식사였다. 관사에서 생활했기 때문에 저녁을 밖에서 해결해야 했다. 그래서 송원일식집에 장부를 달아놓고 식사를 하도록 했다. 고검 검사들은 저녁을 대접받는 것만도 감지덕지했다. 부산고검은 수사권도 없는 '항고기관'이어서 찾아주는 사람이 없다. 조정환 검사 주선으로 고검 여직원들 회식을 송원일식집에서 한 적이 있다.

박기준 검사는 1990년 중·후반 부산지검 강력부와 형사부에서 근무했다. 박 검사는 2003년 부산지검 형사1부장으로 오기 전에 2000년 울산지검 형사1부장으로 근무했다. 그때 부산대 후배인 김종로 검사가 부부장검사로 재임했다. 당시 형사1부 전체 회식을 울산의 한정식집에서 했는데 그때 김 검사와 강민구·최운식 검사 등을 알게 됐다. 룸살롱에서 2차 술자리를 했는데 성 접대는 없었다. 그로부터 몇 달 후 그 검사들은(김종로 부부장 제외) 부산 온천장 소재 룸살롱인 카네기클럽으로 원정을 와서 전원 성 접대를 받았다. 박 검사는 나한테 100만 원을 받아 후배 검사들에게 택시비 조로 10만 원씩 나눠줬다.

김종로 검사는 2000년 울산지검 부부장검사로 있다가 통영지청에서 부장검사를 했다. 그리고 나서 부산고검으로 발령을 받았다. 김 검사는 통영지청에서 같이 근무했던 평검사 등 6~7명을 부산으로 초청했다. 광안리 소재 수정궁이라는 횟집에서 1차를 했다. 김 검사가 발렌타인 21년산을 가져와서 그걸로 폭탄주를 만들어 마셨다. 그 자리에는 장애인 검사도 있었고, 해외 연수 시험에 합격했거나 시험을 준비하는 사람도 있었다. 2차는 해운대 한국콘도 지하에 있는 룸살롱 만토바에서 했다. 지금은 없어졌지만 당시에는 굉장히 큰 술집이었다. 그런데 김 검사가 나에게 말했다.

"선배님, 오늘은 술값 계산하지 마이소."

"왜요?"

"오늘은 스폰서가 있어요."

스폰서는 그 술집 회장이었다. 그러니까 검사들이 술집 회장에게 술 접대를 받아왔던 것이었다. 김 검사와 술집 회장은 서로 잘 아는 사이였다. 나한테 머리가 많이 빠진 60세 전후의 술집 회장을 소개해주기도 했다. 1인당 30만 원씩 하는 2차비는 다 내가 냈다. 김 검사와 나만 빼고 2차 술자리에 참석했던 검사들은 다 성 접대를 받았다. 2차에 가기 전 내가 김 검사에게 100만 원을 줬는데, 김 검사는 그 돈으로 평검사들에게 교통비를 10만 원씩 줬다. 결국 한 검사당 30만 원의 성 접대비와 10만 원의 택시비 등 총 40만 원의 접대비용이 들어간 셈이었다.

평검사들을 호텔에 보내고 나와 김종로 검사만 남았다. 김 검사는 인물도 매너도 아주 좋았고, 부인이 치과의사여서 형편도 괜찮았다. 김 검사는 술을 좋아하고 부산 출신이어서 부산에 스폰서가 많았다. 김 부장검사가 둘이서 한잔 더 하고 가자고 제안해서 그의 단골인 해운대 소재 상상 룸살롱에 가서 양주 한 병을 더 마셨다. 술을 마시고 나오니까 비가 오고 있었다. 김 검사는 택시를 타고 먼저 갔고, 나도 대기하고 있던 BMW 차량을 타고 귀가했다. 현재도 존재하는 상상 룸살롱은 십몇 년간 부산 재직 검사들이 대표적으로 많이 찾은 술집이었고, 턱없이 비싸다고 소문난 집이었다. 그러나 스폰서들은 비싸다고 표현할 수 없었다. 검사들과 같이 있었기에 체면이 손상될 것을 우려해서였다. 그 술집 술값은 검사들이 출입하면서 생긴 거품(일명 바가지)이란 말들이 세간에 오르내렸다.

검사들은 나는 새만 떨어뜨리는 게 아니다. 나는 비행기도 날지 못하게 했다. 검사와 스폰서 사건의 핵심 인물인 박기준 검사가 진주지청을 떠난 후 서울지방검찰청 형사부에 근무한 적이 있다. 당시에는 지금처럼 토요일이 쉬는 날이 아니라서 토요일에도 오후 1시까지 근무를 했다. 박 검사가 토요일 근무를 마치고 서울 김포공항에서 경남 사천공항으로 와서 다음 날 지리산 등반을 위해 나를 방문했다. 당시 부장검사였던 유재성·박기준·문성우 검사, 또 다른 검사 한 명이 동석했다. 훗날 유재성 부장검사는 창원지검장으로 재직했고, 문성우 검사는 법무부 고위직으로 재직한 바 있다. 이때 사천 가산횟집에서 민물장어구이와 장어탕으로 식사를 하고 내가 소유했던 지하 룸살롱에서 술 접대를 받고 더 나아가 유재성 부장검사를 제외한 세 사람은 역시 내가 소유한 위층의 숙박시설에서 성 접대도 받았다.

당시 나는 사천의 한 단체를 후원하는 회장이었다. 그 단체의 사무국장이 고향 선배였는데, 지리산 지리와 등반 코스에 능통했다. 그 사실을 알고 선배에게 부탁해서 검사들의 지리산 등반에 동행하도록 했다. 당시 등반 안내를 맡았던 강 선배는 그 이후 의료보험공단 지사장 등으로 재직한 뒤 정년 퇴임했다. 등반이 시작되는 지점까지는 차량으로 이동했다. 승용차는 정원이 초과되고 산길이기도 해서 내가 경영하고 있던 회사의 봉고차량을 이용했다. 당시 운전은 회사의 모든 차량을 관리하면서 내 운전기사로 일했던 김 아무개 부장이 맡았다. 김 부장은 아버지 때부터 30여 년간 무사고 운전을 기록한 베테랑 직원이었다. 지금은 은퇴했는데, 내가 진주는 물론이고 부산과 서울 등에서 검사들을 만나고 접대할 때마다 운전을 도맡았다. '검사 접대'의 산증인인 셈이다.

당시에는 사천공항에서 김포공항까지 오전과 오후 두 편의 항공기만 운행됐다. 비행기 탑승 수속을 간소화한다 해도 일요일 지리산 등반을 마친 검사들은 비행기가 이륙하기 10분 전까지는 도착해야 했다. 그런데 지리산에서 출발이 늦었고, 일요일이라 차량까지 밀려서 비행기를 타지 못할 상황에 이르렀다. 그때 검사들이 발을 동동 구르던 모습이 생생하다. 각 공항에는 경찰이 상주 근무하는 103호실이란 곳이 있다. 당시 내가 부탁하면 이 103호실에서 모든 승객이 탑승한 후 비행기 이륙 시간을 30분 이상 지연시켜줬다. 검사들은 수속도 생략한 채 급하게 비행기에 올랐고, 비행기는 30분 늦게 이륙했다. 아무리 나는 새도 떨어뜨린다는 검사들이지만 지금 이런 상황이 벌어졌다면 승객들이 가만히 있지 않았을 것이다. 역시 검사들의 힘은 굉장히 셌다.

나는 이때 박기준 검사에게는 물론 그의 상사인 유재성 부장검사와 동료 검사들에게도 촌지 주는 것을 잊지 않았다. 그 후 천왕봉 돌탑 표지석이 선명한 지리산 정상에서 촬영한 사진을 현상해 액자에 넣은 후 사천 특산품인 쥐치포를 넣어 서울 근무지로 보냈다. 박기준 검사는 내가 서울에 가서 숙소인 강남터미널 맞은편 D호텔 프런트에 쥐치포를 맡겨두면 며칠 뒤에 찾아가기도 했다. 그런 경우는 박기준 검사와 시간, 일정 등이 맞지 않아 서울에서 만나지 못할 때였다. 당시 D호텔 총지배인은 김창식이었다. 지금도 당시 접대했던 모습과 천왕봉 표지석 앞에서 기념 촬영했던 모습이 눈에 선하다. 그 후 유재성 당시 부장검사가 창원지검장으로 부임했는데 내가 전화하니 모른 척했다. 참 어이가 없고 황당했다. 내가 그런 사실을 들어 박 검사에게 "그럴 수 있느냐?" 하며 따지기도 했다.

박 검사와 고급 중국술

접대의 핵심 고리는 김종로 검사가 아니었다. 그는 부산 동부지청 형사3부장을 하고 갔는데 그때 두세 번 정도 회식한 정도였다. 접대의 핵심 고리는 박기준 검사였다. 박 검사를 통해서 부산지검 전 부장검사들을 접대하게 됐다. 정병두, 한승철, 최준원, 박영근, 임무영, 임상길, 최해종, 하용득 등등이었다. 주로 온천장 소재 해림갈비, 윤회초밥, 가거도 횟집이 1차 장소였다. 2차 역시 온천장 소재 만만이나 산타페 룸살롱으로 갔다. 이 룸살롱에는 모텔도 같이 있었다. 박 검사와 한 검사는 한두 차례 성 접대를 받았고, 자주 그러지는 않았다. 형사1부에 있던 일부 평검사들인 반종욱, 예세민, 김창환 등이 성 접대를 받았다.

형사1부와 3부가 같이 회식을 하기도 했다. 1차는 금정구 장전동 소재 가거도횟집에서 하고 2차는 온천장 소재 만만 또는 산타페 룸살롱에서 했다. 거기서 박 검사가 농담처럼 "오늘 2차 갈 사람 손 들어봐라" 그러더니 "거기 끝에 있는 3명이 가라"라고 했다. 그때 상황이 눈에 선하다. 박 검사가 2000년 울산지검 부장검사를 할 때 내가 BMW 차 한 대와 택시를 이용해서 부산으로 모셔왔다. 2차로 부산 온천장 근처에 있는 룸나이트클럽(접대부가 나오는 나이트클럽) 카네기 홀에 갔다. 대중가수 하춘화 등이 나올 정도로 유명한 나이트클럽이었다. 거기서 '양폭(양주와 맥주를 섞은 폭탄주)'을 마셨다. 나와 박 검사는 빼고 다른 검사들은 다 2차를 나갔다. 물론 술값과 2차비는 전부 내가 냈다.

하지만 진주에서처럼 2차는 자주 못 나갔다. 2000년 이후 IMF 사태 등으로 옛날처럼 검사들을 후하게 접대하진 못했다. 그러나 기본은 다 했다. 그전에는 검사들에게 일률적으로 돈을 줬지만 이때부터는 친한 검사들에게만 줬다. 다만 검사들 회식비용 대는 것만은 변함없이 했다. 박기준 검사나 한승철 검사가 부산지검에 있을 때는 30여 명의 검사들이 내 접대를 받았다. 내가 분기별 회식, 환영식, 환송식 등을 도맡아 치러줬다.

2003년엔가 있었던 일이다. 당시 강금실 변호사가 법무장관으로 부임한 이후 부산지검을 대상으로 사무감사가 진행됐다. 노무현 정부가 기강을 잡기 위해 검사들과의 전쟁을 선포해서 서슬이 퍼럴 때였다. 대검 감사팀이 사무감사를 마칠 때쯤 회식 자리가 마련됐다. 부산지검 쪽에서 '잘 평가해달라'며 마련한 감사팀 접대였다. 박 검사가 제안한 자리였다.

"대검 감사팀이 내려왔는데 회식은 한번 해야지. 다만 요즘 분위기가 안 좋으니까 가거도횟집에서 1차만 하자."

1차 장소가 가거도횟집이었는데, 거기서 평소 접대할 때와 같이 사전에 전복이나 홍어, 다금바리 회 등을 특별히 주문해서 대접했다. 그날 1차에는 부산지검 부장검사들이 전부 참석했다. 그런데 1차에서 끝났어야 하는데, 폭탄주가 몇 잔씩 돌아가면서 '2차 가자'는 얘기가 나왔다.

그래서 부산 온천장 소재 만만 룸살롱으로 가서 유두주, 폭탄주 등을 마시며 유흥을 즐겼다. 이때 성 접대는 없었다.

이때는 정기 사무감사였다. 옛날에도 부산 동부지청이나 창원지검에서 사무감사가 진행될 때 접대한 적이 있었다. 감사하러 내려온 팀이 7~8명쯤 됐다. 그 가운데 진주지청장을 지낸 구본진 검사하고 하만석 검사만 알고 있었다. 그 후 검찰총장을 지낸 분과 동명이인인 이명재 검사도 당시 사무감사팀원으로 내려온 것을 기억을 되살려 확인했다. 하만석·박영근·임무영 검사가 모두 17기였다. 당시 부장검사였던 박 검사가 가거도횟집에서 "17기들은 끝까지 남으라"고 했다.

가거도횟집에서 '소폭(소주와 맥주를 섞은 폭탄주)'이 10여 잔씩 돌았다. 그렇게 먹다 보니 1차만 먹자고 했던 계획은 잊히고 말았다. 그래서 2차로 온천장 소재 만만 룸살롱에 갔던 것이다. 박 검사가 상석에 앉았다. 구 검사는 술이 약해서 벌써 취해 있었다. 구 검사는 박 검사 옆 왼쪽 소파에서 고개를 뒤로 젖혀 잠을 잤고, 나머지는 아가씨와 밴드를 불러서 놀았다. 임무영 검사는 술 마시기 전에는 얌전했는데 룸살롱에 가니까 돌변한 모습을 보였다. 아가씨를 무릎 위에 앉혀서 러브샷을 하는가 하면 고추장이나 마요네즈를 가지고 장난을 치기도 했다. 가장 화끈하게 놀았다. 하지만 그날 성 접대는 아무도 나가지 않았다.

사무감사는 월요일에 시작해서 금요일 오전에 총평을 하고 마친다. 월요일이나 화요일은 접대받기 어려운 날이었을 것이다. 그래서 접대가 이뤄진 날은 수요일 아니면 목요일 저녁이었다. 그날 기분 좋게 헤어졌다. 헤어지면서 박 검사가 한마디 건넸다.

"정 사장, 수고했데이."

접대받은 검사들 중에 '감사하다'고 얘기한 사람을 보지 못했다. 내가 기억하는 한 그런 검사는 없었다. 검사들은 접대받는 것을 아주 당연하게 생각했다.

박기준 검사가 부산지검 형사1부장을, 한승철 검사가 형사3부장을 하던 2003~2005년에 접대가 가장 많았다. 그때 검사들 사이에 중국술 붐이 불었다. 애들이 중국에 유학 가 있으니까 종종 중국에 가곤 했다. 그러면 박 검사가 먼저 술을 사오라고 요구했다.

"정 사장, 중국술 구해와."

"뭐로 구해오면 되나?"

"모태주하고 오량액. 그리고 최근 새로 나온 수정방이 있다고 하더라."

모태주, 오량액, 수정방이 '3대 고급 중국술'이었는데, 가장 최근에 나온 수정방이 제일 비쌌다. 검사들은 3대 중국술을 발렌타인 30년산보다 선호했다. 술자리에 중국술이 나오면 서로 마시려고 했다. 나는 향 때문에 중국술을 좋아하지 않았지만, 검사들 요청으로 중국에 가면 술을 사오곤 했다. 그런데 한 사람이 술을 두 병 이상 못 가져온다. 그래서 박 검사가 이렇게 말했다.

"내가 세관에 미리 얘기해놓을 테니 가져올 수 있는 대로 가져와라."

내가 중국에서 출발하기 전에 국제전화로 확인하기도 했다. 당시 중국 심양 지역에 중과 북에서 공동 운영하는 '칠보산'이라는 호텔이 있었다. 내가 거기서 숙박을 했는데, 지배인과 잘 알고 지낸 터라서 내가 휴대폰 선물을 하기도 했다. 지배인이 전립선비대증이 있다고 해서 약을 구해주기도 했다. 지배인한테 술 얘기를 꺼내니까 호텔에서 파는 술을 포장해줬다. 여종업원들을 시켜서 스무 병 정도를 박스에 포장했다. 이렇게 포장해놓고 박 검사한테 전화했다.

"가지고 가도 되나?"

"세관에 얘기해놨다. 가지고 들어와라."

그때 나를 통과시켜준 김해공항 세관 직원의 이름을 또렷하게 기억한다. 마르고 체격이 작았는데, 이름이 '이황'이었다. '퇴계 이황' 선생과 이름이 같아서 아직까지 기억하고 있다. 검찰에서 꾸린 진상규명위원회에서는 "세관 직원이 '그런 일 없다'고 부인했다"라고 발표했지만, 이황이라는 이름이 아니었으면 내가 어떻게 세관 직원의 이름을 기억하겠는가? 당시 김해공항 세관에 들어섰더니 검색대 앞으로 그 직원이 왔다.

"정용재 씨?"

"예."

"이쪽으로 오세요."

이렇게 검색을 받지 않고 무사히 중국술 반입에 성공했다. 나는 감사하다 말하고 세관을 빠져나왔다. 박 검사가 세관에 다 손을 써놨기 때문에 가능한 일이었다. 이렇게 술을 가지고 들어오면 가거도횟집에 모여 폭탄주를 만들어 먹었다. 그런 날은 모두 한 잔이라도 더 마시려고 안달이었다. 나는 중국술을 안 좋아해서 돌아오는 폭탄주를 다른 사람들에게 줬는데, 서로 자기들한테 달라고 야단법석이었다. 박 검사한테 중국술 대여섯 병을 줬는데, 자기 방에 보관하고 있다가 차장하고 회식할 때 한 병씩 사용할 것이라고 했다. 그러면서 부하 검사에게 다음 날 검찰청 사무실로 가져오라며 술을 맡겼다.

이런 기억도 난다. 검사들과 회식할 때 여자 검사들을 몇 명 본 적이 있다. 폭탄주를 만들어 돌리면서 '건배사'를 하는데, 건배사가 '아부의 극치'였다.

"이런 자리를 마련해주셔서 감사드립니다. 훌륭한 부장님을 모시고 일을 배우게 돼 영광으로 생각합니다. 앞으로 충성을 다하겠습니다."

상명하복의 충성주를 마신 것이다. 남자 검사들은 소위 충성주, 마빡주(머리를 테이블에 쳐서 제조하는 폭탄주)로써 충성을 맹세한다. 남자 검사든 여자 검사든 똑같았다. 여자 검사가 '충성 건배사'를 하는 걸 보면서 검찰의 상명하복 정신이 대단하다는 생각이 들었다.

박 검사가 서울로 전출 간 후 2005년에는 박 검사가 부산지검 형사1부장검사로 재직할 때 근무했던 이상철·하은수 검사 등 10여 명이 전국 각지에서 부산에 모여 역시 가거도횟집과 코끼리 카페에서 술을 마시고, 온천장 소재 늘봄호텔에 투숙했다. 이날 폭탄주는 마셨지만 일찍 마쳤다. 다음 날 일찍 요트를 타러 가는 일정이 잡혀 있었기 때문이다.

진주에서 부산 그리고
서울까지 '검사들의 향연'

다시 검사 접대 얘기로 돌아가자. 최근 고위간부들이 퇴직하고 연령대도 낮아지는 등 검찰 물갈이가 많이 됐다. 그런 상황이 아니었다면 더 많은 현직 검사가 접대 리스트에 포함됐을 것이다. 검찰에서 '검찰개혁'을 얘기하는데, 가증스럽다.

1985년경부터 서울에 올라가 검사들을 접대했다. 서울 역삼동 소재

경복아파트 건너편 고급 갈빗집 오죽헌에서 진주지청 등을 거쳐간 검사들을 접대했다. 삼천포 지역 특산물인 쥐치포 상자에 현금 신권 30만 원을 넣어 전달하기도 했다. 물론 2차 성 접대도 있었다. 서울에서 검사들을 만나면 그들이 같이 근무하는 다른 검사들을 데리고 나온다. 내가 잘 모르는 조성욱 검사라고 있었다. 청와대 비서관으로 근무하기도 했는데, 나중에 검사장으로 승진했다. 문규상 검사의 소개로 조 검사를 만났는데, 내가 서울에 갈 때마다 따라 나왔다. 돈(30만 원)도 주고 성 접대도 했다.

조 검사는 20년 전부터 중간중간 접대했다. 한 번인가 빼고 성 접대를 다 받았다. 2004년에 마지막으로 접대했는데 그때만 성 접대가 없었다. 당시 대검 중수부 범죄정보담당관으로 근무하고 있었다. 2003년까지 서울에서 성 접대를 했다. 조 검사는 부산에서 근무한 적이 없다. 다만 울산에서 부장검사로 한 번 근무했고, 청와대, 국가청렴위원회 등에서 파견근무를 했다. 술자리에서는 점잖은 편이었다. 주로 역삼동 갈빗집인 오죽헌에서 1차를 하고, 2차는 룸살롱에서 했다. 그때 당시 서울에서 룸살롱을 하도 많이 다녀 일일이 기억나지 않지만, 기억나는 대표적인 술집은 강남 역삼동·논현동 소재 대우, 명월, 대하(남서울호텔 맞은편), D-DAY, 카튼클럽, 캐슬 등이었다.

당시에는 사업상 한 달에 한두 번 서울에 출장을 갔다. 검사들을 만나는 자리에는 청와대 직원들도 참석했다. 당시 술집에서는 "청와대에서 근무한다"고 하면 벌벌 기었다. 검사들을 청와대에 있는 선배들에게 소개해주기도 했다. 보통 이틀에 걸쳐 청와대 직원들과 검사들이 한꺼번에 회식을 했다. 당연히 '봉투(촌지)'와 '2차(성 접대)'가 있었다. 퇴직한 검사들까지 합치면 내가 한 번 이상 접대한 사람은 200명 이상일 것이다. 주로 교류했던 검사는 박기준, 최근서, 민유태, 김승희 등으로 모두 진주지청을 거쳐간 사람들이다. 그중에서 제일 핵심은 박기준 검사였다.

1984년부터 1991년까지 진주지청에 근무한 검사들 전원을 접대했다고 보면 된다. 심지어 진주에서 부산으로 '원정 접대'를 가기도 했다. 내 벤츠를 타고 부산으로 원정 가서 술 먹고 단체로 자고 부산에서 진주로 출근했다. 요즘은 인사이동 기간이 짧아졌는데, 예전에는 2년 혹은 2년 6개월 정도 근무했다. 그동안 뭐 하겠나? 술 먹고 접대받고 가는 것이다. 1995년 이후에는 주로 부산의 지검과 고검 검사들을 접대했다. 부산고검은 검사가 몇 명 안 돼서 다 접대했고, 부산지검은 재직 검사 60여 명 가운데 30명 이상 접대했다.

문규상 검사는 끝까지 성 접대를 사양했던 검사다. 그 외에도 지금은 퇴직한 신승기·옥준원·정택화 검사가 제일 점잖았다. 문 검사가 창원지검 특수부장을 할 때 그 밑에 오해균 검사가 부부장검사로 있었다. 그 밑에 있는 특수부 검사 2명까지 총 4명의 검사가 부산 장전동 소재 사랑과 여행이라는 조그마한 카페에서 1차를 했다. 그 카페 사장이 나랑 친해서 카페에서 개고기를 주문해 먹기도 했다. 그러고 나서 부산 온천장 근처의 룸살롱 산타페에 갔다. 그런데 검사들이 아가씨들이 맘에 안 든다고 해서 나왔다.

이때 문규상 검사가 "그러면 우리 이 사장(룸살롱 주인)한테 한번 가볼까?"라고 제안했다. 그곳 룸살롱은 진주에서 부산으로 원정을 올 때 찾던 술집 중 하나였다. 그 룸살롱 사장을 문 검사와 내가 서로 잘 알고 있었다. 그래서 이 아무개 사장한테 전화를 하고 수영로터리에 있던 시네마 룸살롱에 갔다. 그런데 평검사 두 사람은 부산 사람이 아니고 객지 사람들인데 그 술집에 가니까 자기 파트너(아가씨)가 있었다. 단골로 찾는 아가씨들이 있었던 것이다. 그만큼 자주 이곳을 드나들던 셈이다. 오해균 검사 등 3명은 술을 마시고 2차를 하기 위해 모텔로 올라갔다. 당시 룸살롱 위에 모텔이 있었다. 나와 문 검사는 3명의 검사가 2차를 마치고 나올 때까지 남은 술을 마시고 얘기를 나누면서 기다렸다. 검사와 스폰서 사건이 터졌을 때 문 검사가 위로차 전화를 했다. "얼마나 힘이 드느냐?" 물었다. 문 검사한테서만 위로 전화를 받았다.

박기준 검사는 2차를 자주 나가는 편은 아니었다. 진주에 근무할 때는 부산으로 원정을 다녔는데 부장검사가 되니까 몸을 사렸다. 검사장으로 있던 2009년 6월엔가 만났더니 이렇게 얘기했다.

"정 회장, 진주 때가 좋았어. 부산까지 가서 술 먹고, 그것(성관계)도 한번 하고. 요새는 술집에 가서 그런 것도 못 해."

접대는 내가 알아서 하는 경우도 있지만 많은 경우 검사 쪽에서 요구했다. "회식 한번 시켜달라", "누구 부장 떠나는데 환송식 한번 열어달라" 등등. 이 지역에 날고 기는 사람들 많겠지만 부산지검 소속 부장검사 전원을 한두 번이 아닌 수차례 접대한 사람은 나밖에 없을 것이다. 오랫동안 친했고, 신뢰 관계가 있었기 때문에 가능한 일이었다. 젊은 평검사들은 나한테 "정 회장님, 부장한테 말하지 말고 우리만 한잔 사주세요"라고 요청하기도 했다. 그런 요청이 오면 부산 해운대의 나이트클럽에 젊은 검사들과 동행하여 계산을 해줬다. 그들은 즉석 부킹을 하기도 했다.

이런 식으로 나와 관계를 맺은 검사들이 다시 이쪽에 부임하면 자연스럽게 연락을 해온다. 또 검사들이 다른 지역으로 떠나면 이쪽으로 부임하는 검사에게 스폰서를 소개해준다. 일종의 '스폰서 인계'다.

접대는 검사들 지인으로까지 확대됐다. 잘나갔던 진주 시절의 경우 검사들 동창들이 내려오면 남해 상주해수욕장으로 안내하고 접대하기도 했다. 물론 검사들한테는 휴가 때마다 30만 원의 휴가비를 건넸고, 명절 때는 쥐포와 멸치 등을 선물했다. 물론 명절용 촌지는 따로 했다. 진주를 떠난 뒤에는 순수한 인간관계와 정으로 서울에 직접 올라가 만났다. 물론 명절 때 삼천포 명물인 쥐포나 멸치 속에 돈(30만 원)을 넣는 것도 잊지 않았다.

검찰총장을 지냈던 이명재 검사는 서울지검 특수부장 시절 강남 룸살롱에서 접대했는데 술은 거의 하지 않았고, 일행보다 먼저 자리를 떴다. 내가 이 검사를 집까지 바래다줬다. 그날 이 검사에게 쥐포와 멸치 그리고 200만 원의 현금을 줬다.

사천에서 부산으로 넘어와 다시 건설업을 하던 중 일이 생겼다. 내게 너무나 많은 도움을 줬던, 지금은 고인이 된 고등학교 선배가 스포츠센터를 인수할 때 내가 보증을 섰는데 그게 잘못됐다. 그것 때문에 어려웠던 1992년부터 1995년 사이에는 검사들에게 자주 연락을 못 했다. 그때 내 안부를 묻는 검사들은 한 명도 없었다. 나중에 생각해보니 참 억울하고 괘씸했다. 검사로 변호사로 다들 잘 살고 있으면서 내가 어려울 때 나에게 밥 한번 먹자고 하는 검사가 단 한 명도 없다니….

이명재 검사도 마찬가지였다. 부산지검과 부산지법이 지금의 위치로 옮기기 전에는 서구에 있었다. 이 검사가 부산고검장으로 왔을 때였다.

내가 점심시간에 부산지검의 누구를 만나고 나가는데 10여 명이 무리지어 청사로 들어오고 있었다. 아마도 식사를 하고 들어오는 것 같았다. 그중에 이 검사가 있어서 인사를 했다.

"안녕하세요? 예전에 이 아무개 씨 소개로, 서울지검 특수부장 재직시 술자리에서 인사드린 정용재입니다."

"그렇습니까?"

그것이 끝이었다. 이 검사는 사무실에 와서 차 한잔 먹고 가라고 하지 않았다. 검사들이 다 그렇다.

성남지청장을 했던 김태희 검사가 부산지검 특수부장검사로 내려왔다. 부산 광안리의 한 호텔 커피숍에서 만나기로 했다. 그 전에 내가 사업상 서울서 내려온 손님과 온천장의 동래관광호텔에서 약속이 있었다. 그날 비가 많이 왔다. 더구나 저녁 시간에 온천장에서 광안리를 가려면 시간이 제법 걸린다. 좀 늦을 것 같아 미리 전화를 했다. 내가 평소 자기들을 모셨던 것을 생각한다면 기다릴 수도 있을 텐데 그냥 관사로 들어가버렸다. 전화도 받지 않았다. 그래서 내가 이런 음성메시지를 남겼다.

"오죽하면 늦었겠습니까? 꿇어앉아 빌겠습니다. 한번만 봐주십시오."

나한테 접대를 받았던 검사들이 대부분 그런 행태를 보였다. 접대받은 것은 잊고 검사 본연의 안하무인으로 행동했다. 이후 부산지검으로 전화했지만 받지 않았다.

내게 식사나 술을 대접한 적이 있는 사람은 문규상 검사뿐이다. 문검사가 부산지검 동부지청에 근무할 때 소박한 횟집과 남천동 일식집에서 대접받고, 서울에서 한 번 더 식사 대접을 받았다. 한 검사한테서 세번씩이나 대접받기는 문 검사가 유일한 경우다. 문 검사는 제일 매너가 좋았고, 성 접대도 모두 사양했다. 문 검사가 창원지검 특수부장으로 근무할 때 그 밑에 있던 오해균 부부장검사와 평검사 2명에게 수영로터리의 시네마 룸살롱에서 성 접대를 한 적이 있을 뿐이다. 물론 문 검사 본인은 성 접대를 받지 않았다.

다시 서울에서 검사들을 접대했던 얘기로 돌아가보자. 진주 시절부터 서울에 다녔다. 이곳에서 2년 임기를 마치고 서울로 올라간 검사들만 만난 게 아니었다. 당시 내 지인 중에 청와대에 근무한 사람도 있었다. 청와대 비서관, 행정관, 부속실장, 국무총리 비서실장 등을 만나기도 했다. 하순봉 국무총리 비서실장이 진주에서 국회의원 나올 때 당시 돈으로 현금 3,000만 원을 후원하기도 했다. 지금으로 치면 3억 원이 넘을 것이다. 사업과는 직접 관련도 없는데 왜 선거 때마다 거금을 갖다줬는지 모르겠다. 당시에는 어렸기 때문에 보험 차원에서 후원했는지 모르겠지만 후회스럽다. 당시 진양군 대곡면 소재 진양 하씨 종가 종택을 수천만 원 들여 신축해주기도 했다.

서울에서 접대할 때 제1의 장소는 최고급 갈빗집으로 알려진 오죽헌이었다. 정양선 사장이 김영삼 대통령의 비자금 수백억여 원을 보관해 놨다는 곳으로 유명했다. 당시 검찰 조사도 받았고 언론에도 공개된 바 있다. 그럴 정도로 이곳을 찾는 정치인들이 많았다. 진주를 거쳐간 김승희·문규상·김진오·박기준·최근서·민유태 검사뿐 아니라 그들을 따라 나왔던 송희식·김상봉 검사도 이곳에서 만났다. 문규상 검사 소개로 만난 사람이 검사장의 자리에 오른 조성욱 검사와 안기부에 파견 나가 있던 문장운 검사다. 그런 사람들을 소개받은 날에도 어김없이 30만 원의 촌지를 건넸다.

진주지청을 거쳐간 검사들은 서울에서 다 만났다. 문규상 검사팀과 박기준 검사팀 두 그룹으로 나누어 이틀간 접대했다. 문 검사는 연수원 16기이고, 박 검사는 연수원 14기였다. 문 검사가 기수는 낮지만 나이가 박 검사보다 네 살인가 더 많았다. 그러니까 같이 만나기는 껄끄러울 수밖에 없었다. 박 검사와 나는 나이가 같았다. 박 검사는 나와 이렇게 만나면 항상 2차로 룸살롱에 갔고, 성 접대도 받았다. 특히 서울에 한 번 올라가면 내 벤츠 차에 쥐포 상자를 20개쯤 싣고 가서 한 상자씩 나눠줬다. 삼천포 쥐포가 아주 유명했다. 직접 만날 때야 돈을 쥐포 상자 속에 안 넣어도 되지만 명절 때 소포로 보낼 경우에는 쥐포 상자 속에 돈을 넣었다.

박기준 검사는 서울에서 술을 마시면 꼭 음주운전을 했다. 그것이 박 검사의 습관이었다. 만취한 상태라서 운전을 만류하는데도 강남에서 강북까지 음주운전을 했다. 술집 직원이 대리운전을 해준다고 하는데도 한 번도 대리운전을 시키지 않았다. 오죽하면 내가 "당신은 하느님, 부처님이 도와서 지금 여기까지 왔다"는 농담을 다 건넸을까. 그렇게 자주 음주운전을 했는데 한 번도 단속에 안 걸렸을까? 하긴 단속에 걸려도 당시에는 검사 신분증만 내밀면 다들 벌벌 떨었을 테니 무사통과였을 것이다.

밤만 되면 가면을 벗는 검사들

원래는 2006년도에 양심 고백을 할 생각이었다. 막강한 검찰 집단을 상대로 싸울 생각을 했다. 내가 보수 성향이고 민자당 광역의원을 지낸 데다 엄격한 집안에서 태어나고 자란 터라 제보를 결행하는 데 4년이나 걸린 것이다.

당시 나는 건설회사를 운영하고 있었는데, 회사의 명운을 걸고 거액을 투자하여 미니골프장 사업을 추진하던 중 공사대금 지급이 늦어지는 바람에 하도급 업자(시공 참여자)가 회사 대표인 나를 고소한 일이 있었다. 그 사건 처리 과정에서 유일석 검사(현 부장검사)와 논쟁을 벌이게 됐는데, 유 검사가 민사로 해결될 사건을 괘씸죄로 기소해버렸다. 유일석 검사는 나의 인권을 침해한 사유로 국가인권위원회로부터 징계·권고 처분을 받았다.

지금 생각하면 검사들의 이중성에 치가 떨린다. 검사들은 지위 고하를 막론하고 촌지 수수를 당연하게 생각했을 뿐 아니라 술자리에서 낯이 뜨거울 정도로 난잡하게 놀았다. 룸살롱 안에서 마요네즈나 고추장을 이용하여 아가씨들을 희롱하는 것은 기본이었다. 검사들이 얼마나 짓궂게 놀았던지 아가씨들이 검사 방에는 들어가지를 않으려 했다. 내가 겪어본바 검사들은 타 집단과 비교해 접대 등에 관한 '죄의식'이 바닥이었다.

과다한 접대비는 회사 경영에도 일부 악영향을 미쳤다. 그동안 접대한 비용을 지금의 화폐가치로 환산하면 100억 원쯤 될 것이다. "그런데 왜 그렇게 접대했느냐?"고 묻는다. 그것은 깊고 오래된 관행이었다. IMF 사태가 터진 데다가 2000년 이후 거액을 골프장에 투자하면서 어려워졌다. 하지만 돈 없다는 소리는 못 하고 돈을 빌려서라도 검사들을 접대할 정도였다. 나는 지금도 기업가(혹은 지역 유지)의 검사 접대 관행이 계속되고 있다고 본다. 요즘 젊은 검사들은 그런 관행에서 좀 자유롭긴 하지만, 이게 쉽게 없어지긴 힘들다. 밑에 있는 검사들한테 술 사주고, 밥 사주고 해야 검사장이나 부장검사 등이 '보스'로서 인정받고 위신이나 권위도 서기 때문이다.

박기준 검사가 부산지검장으로 영전했을 때 이를 축하하기 위해 2003~2004년 형사1부장으로 재직할 때 같이 근무했던 전·현직 부장검사들이 2010년 3월경 부산에 모인 것으로 안다. 질펀하게 회식을 한 것으로 아는데 또 누군가가 스폰서 노릇을 했을 것이다. 아마도 검사와 스폰서 사건이 아니었다면 내가 스폰서로 나섰을 것이다.

현재 검사장으로 근무하는 김경수 검사는 진주지청에서 시보 생활을 했다. 당시 2호 검사였던 김학곤 검사를 따라다녔는데, 서너 차례 성접대도 받고, 촌지도 받았다. 그렇게 스폰서 문화를 가르치고 배우는 것이다. 그런 식으로 아랫사람을 지휘할 수 있는 능력을 과시한다고 할까?

아마도 내가 여건이 좋아져서 "김 검사님, 한잔합시다" 그러면 곧바로 동료 검사들을 데리고 달려올 것이다. 이런 접대 관행은 지금도 변함없다고 생각한다.

검사 접대는 2009년도에도 이어졌다. 2009년 3월 17일 한승철 창원지검 차장, 김철 부산지검 공판부장, 강길주 울산지검 형사1부장 등이 모였다. 한 검사가 창원지검 차장으로 영전한 것을 축하하기 위한 자리였다. 한 검사와는 수시로 통화하는 사이였다. 부곡동 참칫집에 모여 최고급 혼마구로(참다랑어)를 먹었다. 그리고 전복과 복어회도 특별히 주문했다. 한 검사가 나를 두 검사에게 '친검파'로 소개했다.

"정 사장은 옛날 진주에서부터 소년선도위원, 갱생보호위원을 했다.

그래서 우리 검찰 조직을 많이 알고 검사들도 많이 알고 있다. 박기준 검사장과는 친구 사이다."

그날 소폭을 많이 마셨다. 1차를 끝낸 뒤 검사들을 내 선배 차에 태우고 만원 룸살롱으로 갔다. 선배는 등대콜이라는 콜택시를 불러서 따라왔다. 그날 룸살롱에는 나를 포함해서 모두 5명이 갔는데, 아가씨는 4명만 불렀다. 폭탄주를 만들어 러브샷도 하고 유두주도 먹었다. 한 검사는 술이 세고 술자리 매너가 좋았다. 그날 김 검사만 2차를 갔는데 특검 수사에서는 무혐의로 결론이 났다. 강 검사는 울산이어서 먼저 자리를 떴고, 나와 선배, 한 검사만 남았다. 선배가 화장실 간 사이에 한 검사한테 100만 원이 든 봉투를 내밀었다.

"정 사장, 뭐 이런 걸 주시오?"

"제가 댁까지 모셔야 하는데 못 모시니까 택시비 좀 넣었습니다."

이때의 인연으로 김철 부산지검 공판부장이 자리를 만들었다. 2009년 4월 13일 공판부장 포함 공판부 검사 12명 전원(이 중 여성 검사가 2명 있었다)이 참치와 각종 회 등을 먹으면서 소폭으로 1차 접대를 받은 다음, 2차로 만만 룸살롱에 가서 음악과 함께 폭탄주를 즐겼다. 나와 여성 검사들은 타 검사들의 권유로 폭탄주를 러브샷 하기도 했다. 남자 검사 한두 명을 제외하고 그날 마신 폭탄주는 각자 열 잔 이상 됐다.

또 2009년 5월에 이종린 검사와 장전동 카페에서 만났다. 저녁 9시가 넘어서 만났는데 이 검사가 카페 여사장을 성추행했다. 여사장에게 자기 무릎에 앉으라 했고, 뒤에서 끌어안은 뒤 가슴을 만졌다. 심지어 치마 속을 더듬자 여사장이 거부했다.

"검사님, 여기는 룸살롱이 아닙니다. 그런 거 하시려면 룸살롱이나 단란주점에 가서야죠."

여사장이 몇 번이나 항의하고 하지 말라고 했다. 하지만 이 검사는 막무가내였다. 막무가내로 하는데 어떻게 내가 말릴 수 있나?

이상하게 검사 술자리 문화 중에 안 바뀌었던 것이 '유두주'다. 아가씨 젖가슴을 한번 적신 술인데, 항상 술자리에서 그 행사를 했다. 지금이야 많이 없어진 것으로 안다.

검사들을 접대할 당시보다 지금 더 검찰의 위력을 느낀다. 옛날에는 아주 가깝게 지내서 그런 힘을 잘 느낄 수 없었다. 하지만 검사 접대 사실을 폭로한 지금, 새삼 검찰의 막강한 힘을 절감하고 있다. 축소하고 은폐하고… 자기들 하고 싶은 대로 다 한다. 어느 부장검사 출신 변호사한테 "훌륭한 검사 생활을 했던 당신도 이렇게 보복 수사, 먼지 털기 식 수사를 했을까?"라는 문자메시지를 보냈다. 그랬더니 이런 답변이 왔다.

"신중히 하시지요."

지난 25년간 수많은 검사를 만나거나 서로 소식을 주고받는 등 관계를 지속해왔다. 그중에는 훌륭한 검사들도 간혹 있었다. 하지만 술자리에서 본 대부분의 검사들은 일반인이 생각하는 검사들이 아니었다. 술자리에서는 일반인들보다 훨씬 난잡하게 놀았고, 돈도 대부분 거부하지 않았다. 향응, 성 접대, 돈 앞에서 죄의식이 없었다. 돈이 아니었다면, 지속적인 접대가 없었다면 지역에서 일어난 대형 사건을 덮어줬겠는가? 그런 것들 앞에서 검사들은 굴복했다.

검사들은 조직 안에서 승진과 출세를 위해 일반인들보다 더 비굴하게 굴었다. 회식 자리 대화 내용을 들어보면 이부의 극치다. 폭단주 건배사는 '아부사'에 다름없었다. 상급자가 부하 검사들에게 술을 따라줄

때 부하 검사들이 보이는 태도는 아부 근성이 몸에 밴 모습이었다. 술을 받을 때는 꿇어앉아 허리를 굽혔다. 아부의 극치, 상명하복의 극치를 달렸다. 물론 상급자가 '군기'를 잡는 모습도 보였다. 술자리에서 수사를 압박하는 경우가 대표적이다. 특정 검사 이름을 부르면서 "너는 그런 걸 갖고 구속도 못 시키냐. 잠을 안 재워서라도 토해내게 해야지"라고 말했다. 심지어 "실토하지 않으면 회사도 압박해야지, 그 사람 말만 믿고 풀어주면 어떻게 하냐?" 이렇게 질책하기도 했다.

내가 검사들과 자리를 수백 번 해서 아는데, 그들의 교육이란 '피의자 다루는 법'이 전부다. 예를 들면 "잠을 재우지 마라", "불러도 조사하지 말고 시간을 끌어라", "계좌 추적 등을 통해 주변을 압박해라" 등이 그렇다. 선배 검사들은 이렇게 후배 검사들을 교육시켰고, 후배 검사들은 이렇게 전수받았다. 구치소에서 검찰 조사를 받아보고 다른 수용자들이 조사받는 상황을 지켜보고 들어보니 '계속 불러놓고 조사하지 않는 것'이 제일 힘들었다. 오전 8시에 불러서 하루 종일 앉혀놓고는 조사하지 않고 돌려보내거나 오후 4시께 조사하는 경우가 허다했다. 선배 검사들은 후배 검사들한테 "주변을 압박하거나 계좌 추적을 하는 등의 편법을 써야지, 정석대로 수사하면 제대로 불 사람이 어디 있겠느냐" 이런 교육을 했다. 이런 방식으로 수사를 하면 수사받는 당사자가 인권침해를 당하는 것은 물론 구치소 근무자들의 근무시간에도 악영향이 간다. 검사들은 경찰이나 구치소 근무자들의 이러한 고충과 어려움을 손톱만큼도 생각지 않는다. 이들을 자신들의 부하 직원으로 취급할 뿐이다.

이러니 검찰에 한번 물리면 헤어나기가 힘이 든다. 강압적이고 고압적인 수사 행태는 치유 불능의 상태다. 이번에 검사와 스폰서 사건이 터졌다고 해도 바뀌지 않는다. 그동안 검찰은 기소독점주의라는 무소불위의 힘으로 권력을 행사해왔다. 검찰은 '내부 개혁'을 되뇌는데 일회성 립서비스일 뿐이다. 접대 술 문화는 좀 줄어들지 모르겠지만, 강압 수사, 편법 수사, 별건 수사, 권위적인 태도 등은 바뀌지 않을 것이다.

제3부

폭로, 특검,
그리고
그 이후

1장

나는
왜 그들을
고발하게 되었나

폭로 이후 하루에도 수십 번 자살을 생각하며 지냈다. 내가 지금까지 수백 명의 검사를 직접 겪어왔지만 이렇게까지 야비하고 치졸하게 보복을 가할 줄은 몰랐다. 공익 제보라는 게 힘들 줄은 각오했지만, 막상 겪어보니 검찰을 상대로 하는 제보는 상상을 초월할 만큼 힘든 것이었다. 지금 이 시간에도 나 모르게 내 주변 인물 누구를 겁박하고 있을지, 나를 옭아매기 위해 어떤 공작을 펼치고 있을지 생각하면 모골이 송연하다.

검사들이 노는 꼴을 보며 환멸을 느꼈다

사람이라면 일반 제보든 공익적 폭로든 결단의 계기가 있는 법이다. 원래 나는 지난 2006년에 검찰 스폰서 문제를 양심 고백할 생각이었다. 거대한 검찰 집단을 상대로 싸울 생각을 했을 때는 그만한 이유가 있었다.

무소불위의 권력을 가진 검찰의 구습, 폐습을 25년간 지켜본 내 입장에서 한번은 세상에 내가 겪은 검찰의 숨은 참모습을 드러내고 싶었다. 제일 큰 이유는 대한민국 검찰이 하다못해 시정잡배만 한 의리조차 없다는 점을 뼈저리게 느꼈기 때문이다.

술집에서든지, 사회에서든지 먹이를 찾는 개라고 부를 만한, 그 정도로 나락으로 떨어진 검찰을 겪으면서 나는 속으로 환멸을 느꼈다. 술집에서 공짜 술 마시고 심지어 돈까지 받는 행태에서 공복으로서의 도리라는 것은 눈을 씻고 보아도 찾을 수 없었다. 그러나 그런 환멸감만으로 거대 권력인 검찰을 상대로 나 혼자 싸우기란 쉽지 않은 것이 현실이다. 검찰의 그런 모습을 폭로해야겠다고 결심한 구체적인 계기는 배신감 때문이었다.

나는 십수 년 전에 회사를 운영하다가 어려움에 처한 적이 있었다. 회사 관계로 보증을 섰는데 회사가 어려움에 빠져서 사업을 그만두었던 것이다. 그렇게 막상 어려움에 처하자, 내가 스폰서 노릇을 해온 수십 명의 전·현직 검사들 가운데 전화로나마 위로하거나 격려해준 이는 거의 없었다.

딱 한 명의 검사, 얼마 전 안산지청장을 그만둔 문규상 검사만이 전화로 위로의 말을 건넸다. 문 검사에게는 내가 세 번쯤 식사 대접을 받았는데, "돈이 있으면 정 사장님에게 몇천만 원이라도 그냥 도와주고 싶은 심정이다. 힘내라"라고 격려해줬다. 그나마 문 검사에게서 적잖은 위안을 받았다. 그 밖에는 모두 내가 어려움에 처한 것을 알자마자 안면을 싹 바꿨다.

그때부터 나는 검사라면 한 자락 접고 보게 됐다. 참 의리가 없어도 어디 검사들만큼 의리 없는 집단이 있을까 싶었다. 약자에겐 한없이 난폭하고 강자에겐 한없이 비굴해지는 검사 집단의 생리를 뼈에 사무치도록 느낄 무렵인 1995년경에 나는 부산으로 사업 무대를 옮겼다.

그때 박기준 검사장을 비롯해서 과거 진주지청 시절부터 인연을 맺었던 검사들이 부산으로 다시 오면서 어김없이 내게 연락을 해왔다. 정에 약해서 연락이 오면 피할 수가 없었다. 그렇게 또다시 접대에 끌려들어가게 됐다. 사실 부산에 와서는 건설업을 하는 과정에 검사들로부터 덕 볼 일도 그다지 없었다. 진주에서 사업을 벌이던 때는 검사들 관리가 사업상 일부 유무형의 이득으로 연결됐던 점을 인정한다. 하지만 부산에서는 사업에 도움이 된다거나 영향을 미친 일이 없는 상황이었는데, 과거 인연을 맺은 검사들이 부르면 안 나갈 수 없었다. 검사들과 떼려고 해도 뗄 수 없는 연결고리가 만들어져 있다 보니 회사 규모가 줄었는데도 접대는 해야 했다. 그 대신 돈 씀씀이를 줄여서 접대했다. 과거 진주 시절에는 검사들에게 향응과 촌지를 퍼주다시피 했지만, 부산에서는 액수를 많이 줄였다.

그러던 중 검찰의 비위를 폭로해야겠다고 마음먹게 된 결정적 계기가 생겼다. 2006년경 황당하고 무리한 한건주의식 검찰 수사에 말려든 것이다. 귀에 걸면 귀걸이, 코에 걸면 코걸이 식의 괘씸죄에 의해 기소됐다.

검찰에 이런 억울한 일을 당하고 가만히 있을 사람이 누가 있겠는가. 이때의 배신감과 분노가 폭로의 계기였다. 그동안 나름대로 검찰 세계를 잘 안다고 자부해온 나조차 검찰이 마음만 먹으면 속수무책으로 똘똘 말리는 이런 억울한 일을 당하는데, 검찰을 모르는 일반 국민은 오죽할까 싶었다. 나보다도 더한 보복, 불이익, 짜 맞추기 수사에 희생되는 억울한 사람이 너무 많을 것이라는 생각을 하게 됐다.

인신 구속을 우선시하는 현재의 재판 방식으로는 피의자가 정상적인 법률적 다툼을 하지 못해 현실에 타협하고 마는 실정이다. 무죄 추정의 원칙에 따라 불구속 재판을 원칙으로 한다지만 실제로는 대부분이 구속 재판이다. 구속된 상태에서는 막강한 검찰을 상대로 다툼을 벌일 수가 없다. 게다가 재판장에게 무죄를 주장하다 혹여 괘씸죄에 걸리면 집행유예 받을 것도 실형을 받을까 걱정하고, 10개월 받을 것을 20개월 받을까 전전긍긍하게 된다. 숨 한번 제대로 쉬지 못하는 것이 현실이다. 변호인도 길게 끌지 말고 대충 타협하여 빨리 끝내자고 종용한다.

세상 사람들 눈에는 내가 단순한 제보자요 폭로자로 비칠 것이다. 하지만 나로서는 그런 표현이 적절하다고 보지 않는다. 구속당한 처지에, 세 살배기 어린애도 아니고 30여 년간 건설업체를 경영해온 사람인데, 검찰의 비위를 세상에 드러내면 당연히 가중처벌이라든가 보복이 따를 것을 어찌 모르겠는가.

그럼에도 불구하고 나는 스스로 이런 궁지에 몰렸을 때 공익 제보를 하지 않으면 영원히 못 할 것이라고 생각했다. 평상시처럼 안락하고 편안하고 불이익 당하는 일 없이 온갖 기득권을 가지고 있었다면 이런 제보와 폭로를 하지 못했을 것이다. 불리한 상황에 처해 있으니까 그 불리함을 감수하고 제보하게 된 것이다. 만약에 내가 기득권에 안주한 상태였다면 이런 사실이 세상에 전혀 알려지지 않았을 것이다. 으레 그렇듯이 일반 국민은 검찰의 스폰서 문화를 설로만 흘려보냈을 것이다. 한마디로 내가 검찰에게 억울하게 몰렸기에 결단을 내린 것이다.

하지만 폭로와 제보 이후 검찰로 인해서 나 자신이 개인적으로 무너지고 파탄된 것은 말할 것도 없고, 처자식, 어머님, 형제 등 모두에게 검찰의 보복이 가해진 데는 정말 몸서리가 쳐지고 치가 떨린다. 폭로 이후 하루에도 수십 번 자살을 생각하며 지냈다. 지금까지 수백 명의 검사를 직접 겪어왔지만 이렇게까지 야비하고 치졸하게 보복을 가할 줄은 몰랐다. 공익 제보라는 게 힘들 줄은 각오했지만, 막상 겪어보니 검찰을 상대로 하는 제보는 상상을 초월할 만큼 힘든 것이었다. 지금 이 시간에도 나 모르게 내 주변 인물 누구를 겁박하고 있을지, 나를 옭아매기 위해 어떤 공작을 펼치고 있을지 생각하면 모골이 송연하다.

검찰은 나를 구속시켜 입을 막으려 했다

　폭로를 결심한 뒤 나는 그동안 수첩 등에 남겨둔 검사 이름이나 수표 번호 등 증거가 될 만한 것들을 하나하나 메모했다. 2006년부터 폭로를 생각하고 있었기에 몇 년에 걸쳐 기록해나갔다.

　2006년부터 폭로 준비를 했던 이유는 부산에서 벌어진 하나의 사건 때문이었다. 당시 나는 부산지검 검사 한 사람을 국가인권위원회에 제소했다. 2006년 당시 운영하던 회사와 관련된 민사사건이 발단이 됐다. 나는 하도급 업자와 정상적으로 계약을 하고 공사를 도급했다. 그런데 회사에서 타 현장에 수십억 투자를 할 때여서 일시적으로 공사대금 지급이 늦어진 일이 있었다. 민사로 해결할 문제를 놓고 담당 검사는 나를 사기죄로 형사처벌 하려 했다. 양자 간 합의조차도 방해하는 등 인권유린적인 수사 태도를 보이는 데 반발해 그 검사를 국가인권위원회에 제소하게 됐다.

　국가인권위원회 조사 결과 그 검사는 경고 처분을 받았다. 유일석 검사인데, 현재 부장검사로 재직하고 있다. 그때부터 나는 검찰에 대해 '이건 아니다'라는 생각으로 폭로를 준비하기 시작했다. 이후 결심을 굳힌 건 2009년 9월이었다. 그해 7월 나는 억울하게 구속당한 몸이 됐다. 그 상태에서 수차례 부산지검 간부들에게 억울한 사건에 대한 재수사를 탄원했다. 하지만 검찰은 수차례에 걸친 나의 진정서와 탄원서를 묵살했다.

이 무렵 박기준 검사장이 신임 부산지검장으로 발령이 났다. 2009년 8월 초순 박기준 지검장이 부임해왔을 때 부산구치소에 수감돼 있던 나는 박 지검장에게 내 억울한 사연을 전하고 대질심문과 철저한 재조사를 요구하는 탄원서를 제출했다. 이때의 탄원서는 '내가 검사장 당신과 친분이 있으니 특혜를 달라'는 게 아니었고, 그것과 별개로 우리 일반 국민도 이런 억울한 일을 당할 수 있으니 철저한 재조사를 해달라고 청원한 것이었다. 그러나 그는 아무런 반응도 하지 않았다. 이후 나는 건강이 몹시 악화돼 법원으로부터 구속집행정지 결정을 받고 부산 시내 한 병원에서 입원 치료를 받았다. 9월 17일 병원으로 나와 다리 수술을 받았는데, 처음에는 거주지가 병원으로 제한돼 있어 집에도 못 갔다. 5개월 후에는 집과 병원으로 제한 장소가 바뀌어 집에 갈 수 있었다.

병원에서 수술을 받고 병상에 누워 있으면서도 검찰을 향한 분노와 억울함을 도저히 삭일 수가 없었다. 한두 번도 아니고 연거푸 나를 옭아매어 감옥에 넣으려는 검찰의 처사에 더는 당하고 있을 수 없었다. 신임 박기준 지검장에게 전화를 걸어 현재 내가 처한 억울한 처지를 들려줬다.

"검사장님, 나를 구속한 그 검사가 얼마나 치졸했냐 하면, 저 같은 경우는 잘못되면 실형을 선고받을 수도 있는 형사사건인데 화요일에 건성으로 조사한 뒤 같은 주 금요일에 바로 기소를 했어요. 사전에 제가 철저히 조사받은 것도 아니고, 첫 조사만 마치고 금요일에 기소됐으니 제가 얼마나 억울하겠어요. 또 제가 구속돼서 심리를 받는 중에 또 하나의 사건을 추가로 조사해서 추가 기소를 띄웠어요. 사건이 추가로 병합된 것이지요. 첫 번째 기소된 사건도 억울한데 아무런 방어도 할 수 없이 구속된 상태에서 검사가 또 하나의 사건을 억지로 끼워 맞췄으니 죽지 못해 살고 있어요."

그런 다음 나는 박기준 검사장에게 철저한 재수사가 이뤄지지 않으면 그동안 내게 '스폰'을 받아온 검찰의 행태를 언론에 제보하겠다고 암시했다. "내가 담당 검사와 전임 지검장에게 탄원서를 내고 사정을 얘기했는데도 묵살당하고 나니 억울해서 안 되겠다. 검찰의 수사 행태에 대해서 내가 쭉 마음을 먹고 기록한 것이 있다. 지금은 더 이상 나뿐 아니라 일반 국민을 위해서라도 검찰에 이렇게 똘똘 말리는 것을 묵과할 수가 없다. 언론과 국회에 제보하겠다"라는 요지의 뜻을 전화로 말하고 박 지검장의 휴대폰으로 "나는 억울하다, 도저히 참을 수 없다" 이런 문자도 넣었다. 재삼 "억울한 사건을 재수사해달라. 대질심문에도 응하겠으니 진실을 밝혀달라" 이렇게 간청한 것이다. 하지만 박 지검장은 간절한 내 탄원을 외면했다.

박기준 지검장은 얼마 뒤인 2009년 9월 28일 오후 5시 무렵, 법원의 구속집행정지 허용 결정으로 부산 대동병원에 입원해 있던 내게 전화를 걸어왔다. 병원에서는 오후 5시에 저녁 식사가 나오는데 밥을 받을 시점에 박 지검장으로부터 전화가 걸려와 18분쯤 통화했다. 첫마디가 "정 사장, 김용철이 짝 난다. 병신 된다. 하지 마라"였다. 나는 묵묵히 듣고만 있었다. 무슨 말을 하고 싶어도 옆에 아내가 붙어 있는 데다 병실이 2인실이라 다른 환자와 가족도 함께 있어서 아무 말도 할 수 없었다. 언론에 제보하고 세상에 알려봐야 삼성 비자금을 폭로한 김용철 변호사처럼 제보자만 바보 된다는 비아냥이었다. 어투는 경고성이었다. 제보하지 말라는 압박은 내게만 한 것이 아니었다. 나의 오랜 검찰 스폰서 경력 때문에 박기준 검사장과 내가 동시에 아는 내 주변 사람을 통해서도 압력이 들어왔다. 그 사람은 박기준 검사장이 수시로 전화를 걸어 나를 무마시켜달라고 한다며 내게 계속 전화를 했다. 경고였다. 아니나 다를까, 나를 추가로 수사한다는 소문이 내 귀에도 들렸다.

설마설마하고 있는데 검찰이 2010년 2월 2일, 나에 대한 추가 조사를 시작한 뒤 바로 3일 만에 추가 기소를 했다. 지금 생각해보면 나를 추가 기소로 압박해서 다시 구치소에 집어넣어야 언론 제보나 폭로를 막을 수 있다고 생각했던 것 같다.

2월 2일 오후 5시 50분쯤 나를 불러 조사를 끝낸 부산지검 담당 검사는 대뜸 "김경수 차장검사가 좀 보자고 하신다"라고 전했다. "1차장검사 말입니까?"라고 되물었더니 "맞다"고 했다. 김경수 차장검사와는 진주지청 근무 시절부터 인연이 있었다. 그가 사법연수원생일 때 진주지청 김학곤 검사실에서 시보를 했다. 당시 서너 차례 김경수 검사와 다른 시보들에게 향응과 촌지를 제공한 기억이 있다. 그 후로 연락이 없었지만 김경수 검사 하면 17기인 것과 진주고 출신이라는 점 등을 또렷이 기억하고 있었다.

당시 나는 링거액을 맞는 상태로 검찰청에 출두해 조사를 받았는데, 타고 간 개인 소유 휠체어에는 링거병을 거는 장치가 없었다. 그래서 내 측근 한 사람이 휠체어를 밀고 내가 링거액이 든 병을 들고 검찰청에 들어가 조사를 받았다. 검사실에서 조사를 받을 때는 병을 옷걸이에 매달아뒀다. 부산지검 1차장검사실에 올라가니까 김경수 차장이 다소 비굴해 보이는 태도로 나를 맞았다. 그런데 링거액을 든 내 모습이 어색했는지 이내 "아이고. 정 회장님. 오랜만입니다"라면서 링거병을 빼앗아 들었다. 2~3분을 어쩔 줄 몰라 하며 "이걸 어디다 꽂지? 이걸 어디에다가 해야 맞나"라면서 허둥대기에 내가 "옷걸이를 갖다주십시오"라고 했더니 그때야 옷걸이를 구해오게 했다. 이윽고 그와 마주 앉아 40분쯤 긴 이야기를 나눴다. 나는 이때 소지하고 있던 '스폰서 검사 폭로 진정서'를 건넸다. 그는 진정서를 받아 읽어보고는 다시 돌려줬다. 이미 박기준 지검장으로부터 설명을 들어 알고 있는 사안이라고 했다.

김경수 차장은 대화 첫마디부터 나를 설득하려 들었다.

"검찰을 죽여서 뭐 하겠습니까? 젊은 검사들도 많이 포함돼 있는데 앞길 창창한 사람들을 꼭 그래야 되겠습니까? 하지 말아주십시오."

이렇게 말한 김 차장은 박기준 검사장 이야기로 말을 돌렸다.

"정 회장님도 박 검사장님에 대해 잘 아시다시피 우리 검사장님이 우유부단하고 성격이 좀 그렇지 않습니까. 이해를 하시지요. 어렵게, 어렵게 이 자리 검사장까지 왔는데 꼭 여기서 무너뜨려야 되겠습니까?"

그렇게 이야기하다가 김 차장은 난데없이 고향 연줄을 끌어들였다. 알고 보니 자기가 나랑 동향인 경남 사천 출신이더라며 온갖 연줄을 대려고 했다. 자기 아버지가 사천에 있는 평화동 출신이라고 하면서, 조사해보니 내 고향이 사천 수석동이더라, 그럼 한동네 출신이나 다름없는 것 아니냐는 투였다.

김 차장검사는 나와 대화하는 동안 내내 회장님, 회장님 하면서 깍듯이 존칭을 썼다. 나는 듣기가 거북해서 "제가 지금은 회장도 아니고 검찰에 불려와 조사받는 사람인데 왜 그러십니까? 회장님이라고 하지 마세요" 하고 쏘아붙였다.

그는 과거 진주지청에서 김학곤 검사실에 시보로 와 있을 때 내게 술 접대를 받은 사실도 인정했다. 연신 회장님, 회장님 하고 부르면서 "그때의 추억이 생각난다"고 했다. 그러다 6시 퇴근 시간을 30분 이상 넘기게 되자 계장을 불러서 "오늘 회식 자리, 내가 참석 안 하면 안 되나"라고 묻기도 했다. 나를 설득하기 위해 시간을 할애하려는 기색이 역력했다.

40여 분 대화 내내 나는 기분이 무척 나빴다. 부산지검 간부들의 진정성이 너무 의심되고 속이 훤히 들여다보였기 때문이다. 그 전에 박기준 지검장이 내게 직간접적으로 협박한 것으로는 안심이 되지 않았는지 이제 1차장검사까지 시켜 나를 회유하려는 것으로밖에 느껴지지 않았다. 더욱이 이날이 어떤 날인가. 검찰청에서 나를 추가 기소하기 위해 부른 날 아닌가. 김 차장검사는 그토록 연줄을 강조하고 나를 회유하려 했지만, 내가 보자고 면담을 신청한 것도 아닌데 하필 이런 날에 나를 자기 방으로 부른 것 자체가 잘못이었다. 시종 불편한 몸과 마음에 참어이없다고 생각되는 장면이 겹쳐 짜증스러웠다. 김경수 차장이 나를 설득하는 40여 분 동안에도 그 방에는 틈틈이 부속실 계장이 드나들며 사건 보고를 했다. 김 차장이 사건을 배당하는 지위에 있어서 접수된 사건을 형사○부에 주라고 지시하곤 했다. 계장이 들어와 "○○ 사건 2개를 어떻게 할까요?" 물어보니까 "내 지금 바쁘니까 대충 해서 안배하세요"라며 기록도 안 보고 알아서 배당하라고 말했다. 늘 그렇게 하는 듯 "평소에 하던 대로 하세요"라고 덧붙였다. 나는 속으로 '당사자들, 피의자들은 얼마나 억울할까, 기록도 안 보고 저렇게 배당해버리면 어떤 사람은 재수가 있고 어떤 사람은 재수가 없고 그럴 거 아닌가'라는 생각이 들었다. 워낙 내 사건 자체가 그런 식으로 억울하게 처리됐으니 검찰의 허술한 사건 배당 현장을 직접 보고 울화가 더 치밀었다.

나는 김경수 차장에게 말로만 나를 위하는 척하지 말고 진심이라면 내가 부당하게 엮인 사건을 철저히 재조사해서 억울함을 풀어달라고 요구했다.

그와 헤어지기 직전 나는 마지막으로 "경찰관 하태동은 정년이 6개월밖에 안 남았다. 곧 계급정년으로 대기에 들어간다. 6개월 있으면 그만둘 사람"이라고 말했다. 내가 조사를 받고 있는 사건은 바로 검찰이 정년 6개월 남은 사람의 진술, 즉 돈을 빨리 받아내려는 심산으로 내놓는 일방적인 진술만을 믿고 내 주장은 배척해버린 채 기소한 사건이라 억울하다는 뜻이었다.

김 차장은 놀라면서 "6개월밖에 안 남았습니까? 그러면 사안이 달라지는데요"라고 하더니 다시 확인해보겠다고 말했다. 끝까지 대질조사를 요구하는 내게 김 차장은 이렇게 말했다.

"돌아가 계십시오. 그러면 제가 정 회장께 직접 전화드리기는 곤란하고, 며칠 후 이에 대해서 조사를 다 시켜본 뒤 적절하게 조처했다는 증표를 스리쿠션 방법으로 다른 사람을 통해서 정 회장께 전달되도록 조치하겠습니다. 그리 아시고 백번 양보하셔서 검찰 스폰서 폭로 결심을 거두어주십시오."

나는 김 차장검사의 이 약속을 믿고 6시 40분경 그의 방을 나왔다. 하지만 그의 약속은 지켜지지 않았다. 부산지검은 가타부타 어떤 언질도 주지 않은 채 3일 만인 2월 5일 아무런 대질심문이나 객관적 재조사 조치 없이 나를 추가 기소해버렸다. 나를 추가 기소한 담당 검사는 정기 인사에서 수원으로 발령이 나 올라가버렸다.

나는 김경수 차장검사가 처음부터 나를 속였다고는 생각지 않는다. 그는 대화로 풀려는 의지가 강했지만 윗선인 박기준 지검장이 "그냥 집어넣어버려라"라고 했던 것으로 믿고 있다. 막강한 권력을 가진 검사장 입장에서는 나를 회유하면서 그냥 두느니 빨리 기소시켜서 입을 틀어막아야겠다고 계산했을 것이라는 판단이 들었다.

검찰의 힘이 그로록 막강한지 미처 몰랐다

부산지검이 입막음을 위해 나를 추가 기소로 구속시키는 길을 택했다고 판단한 나는 앉아서 당할 수만은 없다는 생각에 마음이 다급해졌다. 내 고향 친구 중에서 검찰의 이런 잘못을 바로잡아야 한다는 데 공감한 이가 있었다. 그는 오랜 세월 나의 검사 접대를 목격하고 상당 부분 인지하고 있는 친구였다. 그 친구가 이번 기회에 검찰의 잘못된 관행을 밝혀야 하는데 이런 주제는 일반 신문이나 방송에서는 다룰 수가 없을 것이라고 말했다. 국내에 검찰의 문제점을 보도할 수 있는 용기 있는 언론 매체는 몇 안 된다며 방송에서는 「PD수첩」, 주간지에서는 『시사IN』, 인터넷 매체에서는 『오마이뉴스』를 꼽을 수 있다고 귀띔해줬다.

2월 초순 추가 기소가 되자마자 나는 맨 먼저 MBC 「PD수첩」 팀에 진정서를 팩스로 보냈다. 그러나 「PD수첩」에서는 처음에 팩스를 받아놓고 아무런 연락이 없었다. 다음 차례로 나는 서울에 있는 시사 주간지 『시사IN』과 국회 법사위 박지원·박영선 의원실에 진정서를 팩스로 보냈다. 한나라당에도 아는 사람이 많았고 친한 국회의원도 있었지만 그분들은 보수적이라서 만류할 것으로 보여 의논 대상으로 삼지 않았다.

하지만 진정서를 받은 국회의원들도 연락이 없었다. 「PD수첩」도 처음에는 반응이 없었다. 그 이야기를 친구와 지인들에게 하니까 "쉽게 말하면 검찰이 겁이 나서 국회의원도 감히 손을 못 댈 것이다. 「PD수첩」도 쉽게는 다루지 못할 것"이라는 얘기를 해줬다. 나는 당시 '역시 우리 사회는 안 되는가 보다' 하는 심정으로 거의 포기하고 있었다.

그러던 차에 2월 10일경 『시사IN』 기자가 병원으로 찾아왔다. 그는 병원에서 오랜 시간 나를 취재한 뒤 진정서 등의 자료를 복사해 가져가면서 검증 과정에 시간이 상당히 걸릴 것이니 현장 검증 취재를 적극 도와달라고 요청했다. 하지만 나는 구속집행정지 상태라 병원 밖으로는 움직일 수가 없어서 적극적인 협조는 어렵겠다고 말했다. 나는 그때 굉장한 스트레스, 노이로제, 강박에 시달렸다. 실제로, 내가 언론에 연락했지만 막상 기자가 찾아오자 누구보다 검찰 생리를 잘 아는 만큼 굉장히 당황스러웠다. 그다음으로 이 일이 내 재판에 어떤 영향을 미칠 것인가, 걱정하지 않을 수 없었다.

당시 법원과 검찰은 영장 청구 기각 문제와 같은 여러 가지 사안을 가지고 불편한 관계에 있었다. 그러나 이런 문제에서는 초록은 동색이라고 생각했다. 일단 그 문제를 의식해서 당시에는 적극적인 취재 협조를 망설인 부분도 있었다. 서울로 돌아간 『시사IN』 기자는 『오마이뉴스』와 공조해서 검증 취재를 벌이기로 했으니 아무리 시간이 걸리더라도 협조해달라고 거듭 당부했다. 이렇게 해서 3월부터 4월 두 달 동안 『오마이뉴스』에서 세 차례, 『시사IN』에서 두 차례 나를 찾아와 취재를 하고 돌아갔다.

3월 초에는 MBC「PD수첩」의 최승호 피디가 찾아왔다. 「PD수첩」은 국회에서 정보를 받았다고 했다. 내가 최초 제보를 「PD수첩」의 한 작가에게 했는데 같은 「PD수첩」 내에서도 전달이 안 된 모양이었다. 찾아온 최승호 피디에게 "내가 「PD수첩」에 제보하면서 처음에 통화한 게 여자분인데, 그분으로부터 다른 누구누구에게 전해드리겠다고 답을 듣고 끊었다. 팩스도 확인했다. 그런데도 연락이 없더라. 아, 역시 검찰이 세구나. 그래서 「PD수첩」도 손을 못 대나 보다. 그렇게 체념하고 있었다" 이렇게 말했다. 최 피디는 그런 일이 있었느냐면서 자기는 국회의원실로부터 제보를 받고 내려왔다고 했다.

처음에는 「PD수첩」 팀도 내가 작성한 검찰 접대 문건을 보고 반신반의하는 눈치였다. 첫 인터뷰 때도 정말 이게 사실일까, 의구심을 품고 있는 것이 느껴졌다. 하지만 거명된 검사들의 사진을 법조인명사전을 통해 한 명씩 대조하면서 그들도 차츰 신빙성을 인정하기 시작했다.

3월 중순부터 「PD수첩」 제작진은 부산에 일주일 이상 체류하며 취재에 들어갔다. 나는 검찰에 꼬투리를 잡힐까 싶어 집에서만 인터뷰에 응했다. 아내가 걱정할까 봐 아내가 집을 비운 시간에 몰래 취재진을 불러서 하다 보니 시간이 오래 걸렸다. 「PD수첩」 취재팀은 한번 내려오면 일주일씩 체류해가며 두 차례에 걸쳐 취재를 마쳤다. 접대한 업소와 장소 등을 내가 전화번호나 지명으로 알려주면 취재팀이 일일이 다 확인하고 촬영에 들어갔다. 나도 일부 업소는 같이 따라가줬다. 몸이 아파서 먼 곳은 갈 수 없었고, 민감한 시기여서 모든 장소에 동행하지는 못했다.

방송 카메라를 들이대자 업소에서는 적극적으로 협조했다. 심지어 어떤 룸살롱 여사장은 내가 제보한 것 말고도 검사들의 접대·향응 문화에 대해 폭로할 게 많다고 증언하기도 했다. 이들 모두 처음에는 적극적으로 취재에 응했다. 횟집 주인이든 룸살롱 마담이든 모든 사람이 완벽하게 다 사실대로 증언해줬다. 술집 아가씨들도 마찬가지였다. 그때 심경은 감사하기보다는 진실을 그대로 이야기해주는 것이니까 당연하다고 생각했다.

하지만 훗날 검찰 조사가 시작되자 이들의 태도가 180도 바뀌었다. 이 사람들이 그렇게 변할 줄 처음에는 몰랐다. 무엇보다 '검사와 스폰서' 방영 후에 사태가 이렇게까지 커질 줄 몰랐고, 그 뒤 검찰에서 업주들을 협박, 회유한다든가 축소, 은폐를 유도할 것은 상상도 못 했다. 업소 사람들이 끝까지 사실대로 증언해줄 것이라고 믿어 의심치 않았다.

하지만 시간이 지나면서, 검찰이 어떻게 수사하느냐에 따라 즉, 어떤 방식으로 취조하느냐에 따라 진술이 얼마든지 번복될 수 있다는 사실을 알았다. 최근 한명숙 전 총리에게 돈을 줬다고 진술한 한 업자도 뒤늦게 법정에서 "검찰의 겁박으로 돈을 건넸다고 거짓 진술을 했다"라고 고백하지 않았나.

2장

「PD수첩」 '검사와 스폰서' 방영의 막전막후

며칠 지나지 않아 그런 극한상황에 빠진 내게 판사는 끝내 재수감 집행 영장을 발부했다. 병원 중환자실에서 사흘을 보낸 4월 26일 오후 6시에 검찰수사관들이 찾아와서 내 구속을 집행했다. 가재는 게 편이라고 검찰 이 나를 상대로 낸 구속집행정지 취소 신청을 받아들인 재판부는 이후로 도 검찰 눈치 보기의 태도로 일관했다. 4월 26일 나를 구속시킨 재판부 는 재판을 속개하는 대신 앞일을 예단하고 5월 4일 결심 후 선고 날짜를 5월 8일로 잡아버렸다. 심리 자체도 없고 재판 진행도 없었다. 한마디로 골치 아프니까 빨리 판결하고 넘겨버리겠다는 심산으로밖에 보이지 않 았다. 더구나 검찰의 공소 제기에 대해 내가 무죄를 주장하는 상황에서 재판을 막아버리니 꼼짝없이 당할 수밖에 없었다.

'정 선생을 보호해주세요'

2010년 4월 20일 「PD수첩」 '검사와 스폰서' 방영을 앞두고 최승호 피디는 내게 수차례에 걸쳐 물었다. 내 사건이 어쨌든 재판 중이기에 방송이 나가면 일종의 불이익이나 가중처벌, 이런 게 있을 수 있는데 괜찮겠느냐고 의사를 타진했던 것이다. 몇 차례 걱정스러운 질문을 받고 나는 이렇게 대답했다.

"이왕 결심한 것, 제가 억울하게 당하고 있든 어쨌든 간에 이런 궁지에 안 몰리면 이것을 못 합니다. 이게 영원히 묻히고 말 것입니다. 제가 멀게는 4년 전에, 가깝게는 2009년 4월에 폭로 못 한 것이 후회스럽고 한스럽습니다. 이런 궁지에 처하기 전에 했더라면 더 좋았을 텐데 하는 생각이 듭니다. 하지만 제가 궁지에 몰린 억울함이 없었다면 결단을 못 했을 수도 있습니다. 현실에 안주하려고만 하지, 이런 고통을 감수하면서 폭로하지는 못했을 것입니다."

방송이 예고되자 검찰에서 민감하게 움직이는 것이 느껴졌다. 특히 박기준 부산지검장이 분주히 움직였다. 나와 박기준 검사장이 동시에 알고 있는 내 지인에게 박 검사장이 전화를 했다. 취재에 들어갈 때부터 시작해 방송 예고편이 나갔을 때 수차례 전화를 걸어 "김용철 변호사 짝 난다", "정용재 혼자 병신 된다" 이렇게 겁박하며 방송을 막으려고 했다.

「PD수첩」 팀에도 직간접적으로 많은 압박과 협박이 있었다고 한다. 그런 환경에서 방송을 감행한 최승호 피디를 비롯한 관계자들의 용기와 진실을 알리고자 하는 결단에 놀랐다. 4월 19일 월요일에 예고 방송이 나가자 그때부터 각 언론사에서 내게 집중적으로 전화를 걸어왔다. 부재중 전화 수십 개가 걸릴 정도였다. 마치 수면제를 먹고 자다가 일어난 것처럼 비몽사몽 중인 순간이 계속됐다. 그렇게 파문은 일파만파 커졌다. 사실 검사들을 형사처벌 할 목적으로 폭로한 것은 아니었다. 국민에게 진실을 알리고 이런 검찰의 폐습, 검찰의 무소불위의 횡포를 알려서 고치자는 뜻이었는데, 내가 언론과 방송의 위력을 너무 몰랐는지 정신이 없을 정도로 사태가 커져버렸다.

20일 밤 방송이 나가고 나서도 계속해서 언론 인터뷰가 이어졌다. 온가족이 알게 되고 지인들이 알게 되면서 처자식들은 한동안 패닉 상태에 빠졌다. 그 순간에는 한편으로 괴롭고 후회도 됐다.

방송이 나가자 나에 대한 검찰의 복수가 치졸하고 집요하게 진행됐다. 검찰은 4월 23일 구속집행정지 취소 신청을 법원에 제출해버렸다. 예고편 방송이 나간 직후 바로 작업에 들어간 것이다. 모략적인 내용을 재판부에 내서 다시 구속시켜달라고 한 것이었다.

심지어 방영 이튿날인 4월 21일은 병원에 치료 예약이 돼 있었는데, 검찰수사관들이 담당 의사를 찾아와서 수술을 연기해달라고 압박을 가하고 가는 것을 목격했다. 그날 진료 예약 시간에 병원 주치의 방에 들어가려고 하니까 검찰수사관 3명이 그 방에서 나오고 있었다. 직감적으로 검찰이 병원, 의사까지 압박하러 왔다는 것을 알았다. 그때까지도 내 주치의는 전날 방영된 '검사와 스폰서'의 스폰서 당사자가 나인 걸 모르고 있었다. 의사는 내게 "이상하게 검찰에서 와서 어깨를 툭 치며 수술 같은 것을 연기해달라고 구두로 요구하고 갔다"고 전했다. 수술 연기 요청 이유는 얘기하지 않고, 자기네를 검찰 일반직 수사관이라고 신분을 밝혔다는 것이다. 당시 의사가 수술실에 들어가야 하는 상황이라 더 자세하게 물을 수가 없었다. 그날 나는 치료도 못 받고 충격에 빠져 집으로 돌아왔다. 검찰의 행위에 대해 괘씸하다는 생각보다는 절망감이 앞섰다.

'검사와 스폰서'의 본방송이 나간 직후인 4월 21일과 22일에 걸쳐 모든 언론이 떠들썩한 가운데 나는 태풍의 중심에 선 느낌이었다. 전화통에 불이 나고 기자들이 쏟아져 들어오면서 파문이 상상했던 것 이상으로 커졌다는 것을 알아챘다. 이에 놀란 검찰이 즉각 나에 대한 구속집행정지 취소 신청을 냈다. 가뜩이나 몸이 안 좋았던 나는 절망감이 앞섰다. 폭로하면 혼자 바보, 병신 될 거라는 박기준 검사장의 엄포가 빈말이 아닌 듯싶었다. 직감으로 가둬놓고 바보 만들려는 심산임을 알아챘다. 나는 성난 검찰이 법원에 나를 재수감하라고 요구하면 법원도 당연히 받아들일 것으로 알았다. 어느 정도 이해관계가 겹치는 부분에서 판사와 검사는 초록이 동색일 수밖에 없으니 내 구속집행정지 취소 신청이 받아들여지고 나는 재수감될 것이라고 자포자기했다. 부산지법에 출입하는 각 언론사 기자도 폭로 후 내 신변 안전을 걱정하며 "법원 분위기가 정용재 씨 재수감으로 방향이 잡혀가는 것 같다"고 전해줬다. 당시로서는 검찰 스폰서 폭로 파문이 내 건강을 극도로 악화시키고, 처자식 등 가족들에게 고통과 절망감을 주는 등 악영향밖에 생각나지 않았다. 검찰에 분노를 느낄 겨를조차 없었고, 한편으로는 공익 제보자를 이렇게 당하도록 방치해두는 우리 사회가 원망스러웠다. 사태가 이렇게 커질 줄 몰랐기에 슬쩍 「PD수첩」이 원망스럽기도 했다. 하루에도 수십 번씩 자살을 생각할 정도로 나는 피폐해졌다.

이런 고통스러운 심경을 「PD수첩」 제작진에게 알렸다. 또 맨 처음 부산을 오가며 나를 취재해 이 무렵 크게 보도를 내보낸 『오마이뉴스』와 『시사IN』 취재진에게도 고립감을 호소했다. 내 폭로를 오래 추적해오고 상세히 보도한 매체들은 이런 나를 나 몰라라 방치하지만은 않았다. 『시사IN』 정희상 기자는 자살하겠다는 내게 "공익 제보자 보호 차원에서 무료 법률 지원을 이끌어내보겠다"면서 마음 굳게 먹고 기다려달라고 했다. 몇 시간 뒤 민주사회를 위한 변호사모임(민변) 백승헌 회장이 『시사IN』 정 기자에게 소개받았다며 전화를 걸어와 도와주겠다고 했다. 민변에서는 내부 조율 끝에 부산민변에서 이 사건을 맡기로 협의를 마쳤다고 했다. 부산민변 회장인 정재성 변호사가 나를 돕기 위해 선임됐다. 「PD수첩」 최승호 피디는 『한겨레』에 '정 선생을 보호해주세요'라는 칼럼을 써서 제보자에게 보복을 가하는 검찰의 행태를 고발했다.

정 선생을 보호해주세요

"마지막으로 가족들에게 전화 한 통화만 하게 자리를 비켜주십시오."

구속집행정지 취소 여부를 결정할 법정을 향해 출발하기 직전 '정 선생'이 곁에 있던 취재진에게 요구했다. 나는 무거운 마음으로 취재기자들과 함께 자리에서 물러 나왔다. 방송에서 검사들에 대한 향응과 성 접대를 폭로했다는 이유로 그는 구속될 상황에 처한 것이다. 1~2분이나 흘렀을까? "이게 무슨 짓이야?" 정 선생의 곁을 지키던 친척 형님의 단말마 외침이 나왔다. 「PD수첩」 '검사와 스폰서' 편의 중요 취재원인 정 선생이 음독자살을 기도한 것이다.

방송일이 가까워올수록 정 선생은 불안과 고통을 호소했다. 그는 방송이 가족들에게 줄지도 모르는 고통을 두려워했고, 그 자신이 다시 재수감될지도 모른다는 사실에 대해서도 우려했다. 부산지검은 변호사법 위반 혐의로 구속돼 재판을 받던 중 구속집행정지로 풀려나 치료를 계속해온 그를 재수감하기 위한 조처를 하고 있었다.

이유는 「PD수첩」과의 인터뷰였다. 양쪽 발목과 무릎 질환으로 인공관절 수술을 받는 등 여러 질병으로 하루에도 수십 알의 약을 먹으며 겨우 지탱해가는 정 선생은 다시 구속되느니 죽는 게 낫다는 호소를 계속했다.

방송이 나간다는 예고 이후 의혹을 받는 검사들은 일부 언론을 통해 심각한 명예훼손을 저질렀다. 이미 「PD수첩」 취재 과정에서 그를 정신이상자라고까지 부른 바 있는 일부 검사들은 범죄자, 사기꾼 등 동원할 수 있는 모든 용어로 공격했다.

반면 그들 자신의 혐의에 대해서는 증거와 증언이 있는데도 부인으로 일관했다. 그리고 방송 뒤 검찰은 진상을 규명하겠다고 하면서도 다른 한편으로는 정 선생을 재수감하겠다고 나섰다. 이것이 무슨 의미일까?

나는 검찰이 진실로 진상규명 노력을 인정받으려면 앞으로 조사 과정에서 핵심적 구실을 할 정 선생을 압박하려는 자세를 바꿔야 한다고 믿는다. 주요 조사 대상자들이 거의 혐의를 부인하는 상황에서 향응과 성 접대의 실체에 접근할 가장 중요한 단서는 정 선생의 기억이다. 정 선생은 모든 향응 및 성 접대 의혹 대상자들과의 대질심문을 원하고 거짓말탐지기 조사를 원한다고 말한 바 있다.

이런 조사가 가능하려면 그가 진심으로 검찰의 노력을 신뢰할 수 있는 환경을 만들어야 한다. 구치소에서 매일매일 신체적·정신적 고통에 시달리면서 조사에 협조하라는 것이 혹 고통에 지쳐 진실규명을 포기하도록 만드는 것이 아닌지 검찰은 심각하게 생각해봐야 한다.

정 선생뿐 아니라 다른 증언자도 방송 뒤 전화를 걸어와 불안을 호소했다. 검찰에 불리한 사실을 방송에 털어놓은 것이 어떤 식으로든 괘씸죄에 걸리지 않겠느냐며 걱정했다. 나는 국민이 지켜보고 있는 가운데서 그럴 리 있겠느냐고 말했지만 속으로는 자신하지 못했다.

전직 대통령조차 불행을 당하는 판에 아무 힘도 없이 걸면 걸릴 수밖에 없는 그들이야 말할 것이 있겠는가. 나 역시 최근 검찰 수사 과정을 취재하면서 인권침해로 볼 수 있는 여러 경우를 확인한 바 있으니 더욱 걱정이 크다.

정 선생은 지금 부산의 한 병원 중환자실에 격리돼 있다. 죽음의 문턱까지 갔던 그가 다시 힘을 내 검찰이라는 무소불위 권력기관의 문제를 증언할 수 있을까? 그가 방송에서 했던 마지막 호소처럼 국민이 그를 보호해주시기를 간절히 바란다.

폭로를 하지 않았다면 더 편안한 삶을 살 수 있었을 정 선생과 그의 가족에게 힘을 주시기를 바란다.

- 최승호, 『한겨레』, 2010. 4. 26.

4월 23일 오후 2시 부산지법에서 내 구속집행정지 취소 결정에 대한 재판이 열리기로 돼 있었다. 하루 전 부산민변 정재성 변호사와 재판에 참석하기로 약속한 나는 집에서 고통스러운 시간을 보냈다. 공교롭

게 「PD수첩」에 내 폭로가 방영된 다음 날이 아내의 생일이었다. 하지만 세상이 벌집 쑤신 듯 뒤집힌 상황에서 패닉 상태에 빠진 내가 집사람과 대화를 할 수 있을 리 없었다. 하루 종일 언론에 시달린 아내의 생일날 자정 무렵 나는 안방 침대에 누워 있었고 아내는 거실에서 비통한 마음에 혼자 훌쩍이며 소주를 마시고 있었다. 남편으로서 아내에게 생일 축하한다는 말조차 건넬 수 없는 상황이었다.

지금도 그때의 상황과 자식들, 아내의 모습을 생각하면 피눈물이 쏟아진다. 그때 죄책감에 빠져 자책을 하다가 집사람이 소주를 마시는 시간에 맞춰 유서를 썼다. 아내는 살면서 이런 날이 올 것은 꿈에도 모른 채 평생 사업하는 남편을 조용히 뒷바라지해온 '양갓집 규수'였다.

그날 밤 유서를 다 쓴 나는 준비해둔 약을 펼쳐봤다. 신경안정제와 수면제 등 향정신성 의약품 여러 종류였다. 치사량이 될 수 있는 150알 정도를 미리 통에 넣어뒀다. 이날 나는 죽음을 택하기로 마음을 정해뒀다. 이튿날 유서와 약병을 준비한 뒤 휠체어를 타고 12시쯤 정재성 변호사 사무실에 도착했다. 재판에 대비해서 변호사와 서류 준비를 마무리하니 오후 1시 반경이었다. 문밖에 서울에서 내려온 민주당 박지원 의원실 보좌관과 「PD수첩」최승호 피디가 있었다. 또 부산 지역 법조 출입기자들이 모두 밖에 와 있었다. 방송에 폭로하던 날부터 우리 집안 육촌 형님 한 분과 고등학교 학생회장 출신 친구가 줄곧 동행하여 내가 잘못되지 않도록 힘을 줬다.

변호사 사무실에서 서류 준비를 마친 나는 마지막으로 조용히 가족과 통화하고 싶다면서 정 변호사와 형님, 친구에게 잠시 밖으로 나가 있어달라고 부탁했다. 처자식들과 통화를 했으면 하니 10분만 자리를 비켜달라고 해서, 전화를 한 군데 걸었다. 해외에 나가 있는 아들에게 안부 전화를 한 뒤 나는 준비해간 약 150알을 단숨에 삼키고는 그대로 쓰러졌다.

당시 내가 좀 더 늦게 발견됐더라면 이 고통도 없어졌을 것이다. 그러나 한편으로 검사들의 비리도 은폐됐을 것이라는 데 생각이 미치면 어느 쪽이 나은지는 아직 판단이 안 선다. 그만큼 검찰 스폰서 폭로에 대한 고통스러운 보복은 현재진행형이기 때문이다.

자살을 시도하며 약을 먹은 뒤 나는 너무 일찍 형님에게 들켰다. 다 나가달라고 한 것이 꺼림칙했던지 형님은 얼마 후 불길한 낌새를 눈치채고 "이 무슨 짓이야!" 고함을 지르면서 내가 쓰러져 있던 변호사 사무실로 뛰어들어왔다고 한다. 나는 아무 기억이 없지만 너무 일찍 발견된 것은 분명했다. 뒤늦게 병원에 실려가 위세척을 했는데, 비몽사몽간에도 어렴풋이 고통스러웠던 기억이 난다. 입으로 호스를 넣어 뭔가 빼내는 것이 너무 힘들고 고통스러웠다. 위세척 후 중환자실에 들어갔다. 내과, 정신과 등의 의료진은 내가 안정을 취해야 하며 여러 가지 합병증이 올 수도 있다는 진단서를 발부했다. 정재성 변호사는 법원에 서류를 제출하고 구속집행정지 취소의 부당성을 설명했다. 그날 구속은 연기됐다.

하지만 며칠 지나지 않아 그런 극한상황에 빠진 내게 판사는 끝내 재수감 집행 영장을 발부했다. 병원 중환자실에서 사흘을 보낸 4월 26일 오후 6시에 검찰수사관들이 찾아와서 내 구속을 집행했다. 가재는 게 편이라고 검찰이 나를 상대로 낸 구속집행정지 취소 신청을 받아들인 재판부는 이후로도 검찰 눈치 보기의 태도로 일관했다. 4월 26일 나를 구속시킨 재판부는 재판을 속개하는 대신 앞일을 예단하고 5월 4일 결심 후 선고 날짜를 5월 8일로 잡아버렸다. 심리 자체도 없고 재판 진행도 없었다. 한마디로 골치 아프니까 빨리 판결하고 넘겨버리겠다는 심산으로밖에 보이지 않았다. 더구나 검찰의 공소 제기에 대해 내가 무죄를 주장하는 상황에서 재판을 막아버리니 꼼짝없이 당할 수밖에 없었다. 선임된 후 재판 한번 변변히 못 해본 정재성 변호사도 멍해졌다. 변호사가 보기에 그 상황에서 유죄가 인정된다 하더라도 통상 징역 1년형을 받는다는데, 내게는 1년6월이 선고돼서 가중처벌이 되고 말았다.

그 나물에 그 밥

4월 26일 나를 재수감하는 데 성공한 검찰은 양동작전을 폈다. 들끓는 비난 여론을 달래려 했는지 내가 구속되던 날 대검찰청에서는 자체 진상규명위원회를 구성해 내가 폭로한 스폰서 검찰에 대해 한 점의 의혹도 없이 조사할 것을 국민 앞에 발표했다. 공소시효가 남은 사안은 형사처벌을 할 것이며, 공소시효가 지나서 형사처벌이 안 되는 사안이라도 국민에게 진실을 밝히겠다는 공언이었다. 대검찰청은 이날 김준규 검찰총장 주재로 비상간부회의를 열고 검사 향응 및 성 접대 의혹 파문과 관련해 민간인이 대거 참여하는 진상규명위원회를 구성한다고 했다. 국민의 신망이 두터운 외부 인사를 위원장으로 위촉하고 8~9명에 이르는 위원들도 3분의 2 이상을 민간에서 뽑겠다는 것이었다. 또 채동욱 당시 대전고검장을 단장으로 위원회 소속의 진상조사단을 꾸려 사실관계를 철저하게 규명하도록 하겠다는 방침도 밝혔다.

구치소에서 본 텔레비전 뉴스 보도에 따르면 김준규 총장은 회의에서 "제보자의 주장이 사실이라면 검찰로서는 창피하고 부끄러운 일"이라며 "진상규명이 우선돼야 하고 그 결과에 상응하는 엄정한 조치가 따라야 한다"라고 말했다. 나는 당초 이 사건의 당사자로서 김준규 총장의 말을 반신반의했지만 만일 진상규명 의지만 확인된다면 협조하지 않을 이유가 없었다.

검찰 발표 다음 날 진상조사단 소속 박찬호, 주영환 두 검사가 부산구치소로 내려와 나를 면담했다. 그들은 진상규명에 협조해달라고 부탁했다. 나는 그 무렵 건강이 극도로 나빠져서 구치소에서 조사를 받겠다고 했다. 하지만 두 검사는 나에게 부산고검으로 나와달라고 사정했다. 박찬호 검사는 서울고검 소속이라 했고, 주영환 검사는 소속을 알려주지 않았다. 두 사람은 구치소 내 출정과장실로 두 차례나 찾아와 "뼈를 깎는 심정"이라며 사정했다. "국민에게 천명한 대로 썩은 살을, 환부를 도려내는 심정으로 검찰 진상규명위원회에서 그렇게 해나가겠다. 김준규 총장님이 약속한 대로 낱낱이 진실을 밝혀서 국민에게 알리겠으니 협조해달라. 그렇게 하려면 수사 시설이 갖춰져 있는 부산고검에 출석해줘야 한다. 부산고검에 있는 영상녹화실을 이용해 증거를 남겨야 하기 때문이다"라고 말했다. 이렇게 사정하던 그들은 나를 안심시키려고 "모든 편의를 다 봐주겠다. 몸이 불편하니 일반 호송차가 아닌 앰뷸런스로 오가는 편의를 제공하겠다. 또 언론에 노출되지 않도록 보호하겠다. 반드시 진실을 진정으로 밝히겠다"며 별의별 조건을 다 제시했다. 이들의 말만 들어서는 진실을 밝히겠다는 의지가 강해 보였다. 당시 배석한 부산민변 정재성 변호사도 "진정으로 환부를 도려내는 노력을 해서 정의와 진실을 밝히겠다는 의지가 강하게 읽힌다"고 했다. 나는 일단 두 검사의 말을 전적으로 신뢰하고 곧이곧대로 받아들였다. 조사에 적극 협조하겠다고 약속하고 첫 조사 날짜를 4월 29일로 잡았다.

첫날 부산고검에서 시작된 조사에서도 적극적인 의지가 보였다. 그것은 내가 진정서를 내고 언론에 제보한 100여 명의 접대 검사 명단과 접대 내용 등에 대한 검찰의 질의 내용을 보면 알아챌 수 있었다. 질의 강도라든지, 제보 내용에서 중요한 대목의 이름에 줄을 그어놓은 것조차 빼놓지 않고 반드시 밝혀내겠다는 태도였다. "왜 이 사람 이름에는 줄을 그었느냐. 이 사람에게 특별히 더 문제가 있으면 밝혀야 한다. 한 명도 빠뜨리지 않고 더 밝혀낼 수 있도록 최대한 기억을 되살려내라"라고도 했다. 배석한 정 변호사도 첫날에는 진상조사단의 수사 의지가 강한 것 같다고 말했다.

하지만 첫날뿐이었다. 아니나 다를까, 둘째 날부터 진상조사단의 태도는 돌변했다. 이미 4월 20일자 「PD수첩」의 첫 방송에 나왔듯이 박기준 검사장은 나와의 관계를 질문하는 PD에게 "일면식도 없다"고 거짓말을 했다. 나는 그걸 반박하기 위해서 박기준 검사장이랑 세 차례에 걸쳐 통화한 휴대폰 녹음 내용을 방송사에 제출했다. 당시 그 휴대폰은 구치소에 영치돼 있어서 위·변조를 할 수도 없었다. 나는 둘째 날인 4월 30일 검찰 진상조사단 조사에 출석하면서 페어플레이를 하겠다는 심정으로 영치된 전화기를 가지고 나갔다. 이미 방송에 나간 것이지만 검찰 진상조사단이 중요한 증거로 삼기를 바라는 마음에서 구치소의 복잡한 절차를 거쳐 허락을 받은 뒤 가지고 나갔던 것이다.

이날 내가 제출한 박기준 지검장과의 통화 내용이 담긴 휴대폰은 부산고검 영상녹화실에서 녹취 후 돌려받아 다시 구치소에 영치시켰다. 그런데 이렇게 협조해준 그다음 날 검찰이 뒤통수를 쳤다. 영장을 청구해서 전화기를 압수해간 것이다. 영장 내용은 어이없게도 "전화기에 녹취된 부분이 위·변조될 가능성이 있어서 영장을 청구한다"는 것이었다. 태도가 돌변한 것을 직감했다. 그뿐이 아니었다.

2차 조사 때부터 검찰의 질의 태도가 완전히 표변했다. 예를 들어 "당신이 접대한 검사들이 룸살롱 아가씨와 성관계하는 것을 직접 목격했느냐" 이렇게 다그쳤다. 나는 어이가 없어서 "검사님, 단골 룸살롱에서 모텔비 주며 잘 모셔라 하고 아가씨가 옷 갈아입고 검사를 따라 나갔으면 틀림없이 성관계를 한 것으로 봐야지, 제가 방까지 따라가서 그걸 직접 봐야 하는 겁니까? 검찰은 일반 국민에게도 수사를 그런 식으로 합니까?"라며 고함을 질렀다.

검찰 조사단이 조사 과정에서 이 사건을 축소, 왜곡하려 한 또 하나의 사례는 한승철 검사장이 차장검사이던 시절 강길주·김철 부장검사와 함께 접대받은 것을 트집 잡은 점이었다. 그날 한승철 검사 접대 자리에는 내 선배 한 사람도 배석했기에 그가 주요 참고인으로 검찰 진상조사단 조사에 협조했다. 당시 부산고검에서 이 사건을 조사하던 파견검사 박찬호 검사는 부장이고 주영환 검사는 평검사였다. 주영환 검사는 "한승철이 차장검사이고 강길주, 김철은 부장검사 아닌가. 우리 검찰 생리상, 차장검사가 배석한 자리에서 부장검사가 먼저 자리를 뜰 수는 없다. 감히 상사를 두고 먼저 2차를 나간다든가 하는 것은 있을 수 없다"며 성 접대 사실을 애써 부정하려 들었다. 접대 자리에서는 한승철 차장을 두고 강길주·김철 부장이 먼저 아가씨들과 함께 2차를 나갔는데, 조사하는 검사는 검찰 생리상 선후배 위계로 보면 있을 수 없는 일이라고 우긴 것이다. 나는 "검사님, 참 모르셔도 너무 모르십니다. 두 분 검사님은 진정으로 제가 제보를 하고 나서야 검찰 조직 내에 이런 치부가 있다는 것을 처음 알았습니까? 지금까지 두 분 검사님은 한 번도 이런 식의 향응을 안 받아봤습니까?"라고 대들었다. 이런 질문 자체가 아직도 검사들은 상명하복, 권위의식, 특권의식에 사로잡혀 있다는 것을 증명하는 것이 아니냐고 되물었다.

검찰 조사단은 지목된 검사들이 성 접대를 받은 적이 없다고 합리화시키기 위해 교묘히 두둔하는 태도를 보였다. 나는 또 이렇게 반박했다. "검사님 두 분은 현직에 있으면서 요즘 검찰 문화를 잘 모르시네요. 내가 한두 해 검찰을 접대한 것도 아니고… 옛날에는 폭탄주를 부장검사가 열 잔이면 열 잔, 다섯 잔이면 다섯 잔을 주는 대로, 상명하복식으로 검사들이 거부감 없이 마셨어요. 감히 '저 술 못 마십니다' 이런 소리 못 하고 억지로 다 받아 마셨는데, 요즘은 세태가 많이 바뀌었습니다. 못 마시는 사람은 '한 잔도 못 하는데 제가 세 잔까지는 마시겠습니다' 하는 식으로, 요즘은 그렇게 부장에게 쉽게 양해를 구하고 먼저 가는 사람들도 생겼습니다. 또 '오늘은 집에 누가 와서 가봐야 합니다' 그러면 상사가 먼저 가라고 보내주기도 합니다."

진상규명위원회 조사는 진상규명을 자꾸 뒷전으로 밀어내고 나를 흠집 내는 쪽으로만 기울었다. 검사들을 수사한 게 아니라 나를 수사했다. 그래서 검사들과 언쟁을 많이 벌였다. 한 조사검사는 "우리는 검사 생활하면서 한 번도 접대를 받아본 적이 없는데 전체 검사들을 매도하지 마라"라고 했다. 그래서 "내가 제보한 사람 중에도 존경하는 사람이 있다. 전체를 매도하는 게 아니다"라고 반박하기도 했다.

하지만 이후로도 계속 사건을 축소, 은폐하려는 조사 기류는 전혀 바뀌지 않았다. 제 식구 감싸기의 전형을 보는 듯했다. 심지어 또 다른 조사검사는 구치소로 찾아와서 내 앞에 검사들 사진을 놓고 "이 검사 아느냐?" 하고 물었다. 지금은 40대 후반 내지 50대 초반의 간부들인데 30세 때 사진을 들고 와서, 그러니까 이름도 적지 않은 채 A4용지 한 장에 7명씩 옛날 사진을 붙여와서는 이름을 대라는 것이었다. 가만히 들여다보니 오래돼서 모르는 얼굴은 몰라보겠지만 아직도 얼굴 특징이 남아 있는 검사들이 상당수였다. 하지만 나는 검찰의 이 같은 조사 태도에 어찌나 화가 나던지 "아는 사람 아무도 없어요"라고 퉁명스럽게 대답하고 돌려보냈다.

그랬더니 검찰 조사단은 기다렸다는 듯이 이 말을 아전인수식으로 해석했다. "제보자 정 씨에게 검사들 사진을 대조했는데 모른다고 하더라. 그래서 그의 진술에 신빙성이 없다고 보았다"라고 나중 수사 결과에 넣어 발표한 것이다.

검찰 조사의 또 다른 치졸함은 내 주변 사람들에 대한 방대한 계좌 추적과 압박에서 드러났다. 한 검사는 구치소로 찾아와서 출정과장 자리에 앉아 내게 압박을 가했다. 지난 수십 년간 나의 금융 계좌와 거래한 흔적이 있는 사람들의 명단을 전부 펼쳐놓고 "홍길동 씨 알지요?", "김개똥 씨와는 어떤 사이입니까?" 하며 은근히 압박을 가했다. 내 계좌 추적과 진상조사가 무슨 관계가 있느냐고 따져 물었더니, "당신 자금원을 추적해 돈이 나와야 검사들에게 술을 샀다는 신빙성을 입증할 수 있다"라는 핑계를 댔다. 나는 이들의 후안무치함에 치를 떨지 않을 수 없었다. 나는 이 사건 관련 제보자이자 가장 중요한 참고인이었다. 그런 사람의 전화기를 압수해가고, 본인 통장은 물론 아내와 자식들 통장 계좌를 전부 추적했다. 은행에서 나중에 날아온 자료를 보니 계좌 추적 영장을 청구해 뒤진 시점이 모두 5월 4일과 6일경이었다. 지난 수십 년간 내 통장에 한 번이라도 이름을 걸친 사람은 모두 계좌 추적을 당했다. 가족만이 아니라 내 지인들과 집안 형님들도 전부 다 계좌 추적을 받았다고 6개월 뒤 은행에서 통지서가 날아왔다. 검찰 진상조사단의 조사는 결국 나에 대한 먼지 털기 식 보복 수사로 흘러갔다. 또 검찰은 나중에 조사가 끝난 뒤 조사에 협조했던 중요 참고인인 나의 한 선배 집안을 쑥대밭으로 만들어버렸다. 선배 부부는 물론 초등학교 3학년 아이까지 다 뒷조사를 당하고, 계좌 추적을 당한 사실이 드러났다.

4월 26일 재수감된 뒤 구속 상태에서 검찰 진상조사단 조사에 협조하다가 시간이 갈수록 '도저히 이건 아니다' 싶어서 협조를 중단하기로 결심했다. 검찰이 내 가족, 친인척까지 먼지 털기 식 뒷조사를 한 것이 결정적 계기였다. 집사람이 면회를 와서 어머님 친구분 중 여든 되신 분이 있는데, 조사단이 그분 계좌 추적까지 했다고 전해줬다. 내가 위·변조할까 의심된다며 휴대폰을 압수해갔던 검찰은 그 휴대폰에 저장된 문자 수·발신인을 찾아내 은밀히 뒷조사를 벌인 것으로 드러났다. 전화를 안 받은 사람이 없었다. 검찰이 연락해 "이 사람 어떻게 아느냐?"고 물어보더라는 것이다. 심지어 전화기에 입력된 미용실 여사장, 학교 선생님, 아들의 여자친구에게도 모두 전화를 걸어 조사를 했다. 아이의 은사인 선생님에게는 이런 황당한 질문을 했다. "교감 승진하시는 데 정용재 씨에게 청탁금 얼마 주셨습니까?" 이 선생님은 교감이 아니라 아직 평교사다. 우리 아들의 여자친구에게는 "정용재 씨를 아느냐? 아들과 어떤 사이냐?"고 물었다고 한다. 나를 이런 식으로 괴롭히면 내가 압박을 받아 백기를 들 것이라고 생각했던 것 같다.

나는 검찰이 국민을 기만하고 보복 수사를 벌일 뿐 진실규명에는 의지가 없다는 것을 절감했다. 이런 이유로 나는 검찰 진상규명위원회에 앞으로 더는 이 사건 조사에 협조할 수 없다는 내용의 다음과 같은 서신을 보냈다.

조사에 협조할 수 없는 이유

불출석 사유는 다음과 같습니다.

— 검찰의 진상조사를 신뢰할 수 없습니다. 진상조사가 아니라 무조건 뒤지고 조사하는 (개인 수사) 방식이 본 진정인을 직간접적으로 압박하는 것입니다.

— 진술 시 수차례 강조했듯이 식당, 술집 관계자 등 참고인들 조사 자체가 저에게 힘든 일인데(그분들에게 고통) 삼자가 같이 진술할 수 있도록 요구했음에도 받아들여지지 않았습니다(진실 은폐 가능).

— 오히려 검찰이 증거인멸 등을 행할 수 있다는 의구심을 떨

칠 수 없습니다.

— 아직도 이 세상은 검찰, 검사 하면 벌벌 떠는 세상입니다. 아무리 참고인 진술을 받는다 해도 이 세상 어느 누가 부담 갖지 않고 제대로 진실을 진술할 수 있겠습니까.

— 또 저의 건강이 좋지 않습니다.

— 언제 뇌질환(뇌출혈, 뇌경색 등), 심장질환이 발병할지 모르므로 언제 어느 곳에서라도 무리하면 급사할 수도 있습니다(진단서 발급되어 있음).

— 또 허리 이하 다리 등 하반신 모두가 극심한 통증과 준마비(방사통) 상태로 악화되고 있습니다(역시 진단서 발급되어 있음). 그리고 네 차례 진술에서 이미 진술이 많이 진행됐고 앞으로는 영상녹화도 무의미하고, 동의할 수 없으므로 제 건강 상태 등을 고려하여 앞으로의 조사, 참고인들과의 조사 시, 검사들과의 대질심문 등 모두를 이곳 구치소에서 응할 생각입니다.

— 또 앞으로 현재 정치권, 시민단체 등에서 제기되고 있는 특검팀이 구성되어 객관적인 조사가 이루어지면 그동안 밝히지 못한 참고인들의 인적 상황과 참고인 진술을 하도록 할 것입니다. 너그러이 배려, 이해해주시길 죽을 각오로 호소 또 호소 드립니다.

— 지금까지 정신적, 신체적으로 엄청난 고통 속에서도 진실 규명을 위해 최선을 다해 진술했고, 이런 식으로 사람을 말려 죽이려는 무자비한 조사에 더 이상 응할 수 없으며 건강이 허락하는 한 이곳 구치소에서 조사에 응할 것을 다시 한번 강조

드립니다. 이제 영상녹화 아니라도 녹취만으로 충분하다고 사료됩니다.

검찰 진상규명위원회의 조사를 전면 거부한 나는 만약 특검이 출범하면 거기에 출석해 모든 조사에 협조하고 대질심문까지 하겠다며 조사 거부 이유를 분명히 밝혔다. 하지만 진상규명위원회는 6월 9일 졸속으로 조사 결과를 발표했다. 부실한 대목은 모두 제보자인 나의 잘못으로 몰았다. 검찰 진상규명위원회의 발표는 대략 내가 25년간 검찰 스폰서 역할을 했지만 중간에 공백기도 많았고, 조사 결과 접대받은 것으로 확인된 50여 명의 검사 중 나와 절친한 친분관계에 있는 사람은 그다지 많지 않으며, 검사들이 받은 금품과 접대에는 대가성이 없었다고 두둔하는 내용이었다. 또 사건의 핵심이라 할 수백 명의 검사를 상대로 한 성 접대에 대해서는 김철 부장검사 단 한 명만 사실로 확인됐다고 발표했다. 이에 따라 박기준 부산지검장과 한승철 대검 감찰부장을 포함한 검사 10명을 징계하고, 7명을 인사 조치하며, 평검사 28명은 엄중 경고할 것을 검찰총장에게 건의했다는 내용으로 조사 결과를 마무리했다. 누가 봐도 납득하지 못할 이런 부실한 조사 결과를 내놓고 국민에게 믿어달라면서, 이제 검찰은 제도를 개혁하겠다고 나섰다.

하지만 조사가 부실하고 졸속인 점은 민간에서 위촉한 성낙인 진상규명위원장도 시인했다. 언론 보도를 보니 그는 기자 간담회 자리에서 "제보자 정 씨의 진정서에는 검사장급 이상 명단도 들어 있는데 조사했느냐"라는 질문을 받고 "정 씨가 그분들에 대해 구체적 진술을 하지 않고 있다. 조사하려 했는데 진술을 거부해서 못 했다"라고 말했다. 조사 부실 책임을 내게 뒤집어씌웠지만 사실상 검사와 스폰서 사건은 객관적 조사 주체에 의해 전면 재조사돼야 한다는 점을 검찰 진상규명위원회가 자인한 꼴이었다.

아니나 다를까, 50여 일을 끌어온 스폰서 검사 진상조사 결과에 대해 제 식구 감싸기와 졸속으로 끝났다는 비난 여론이 비등하자 정치권에서 특검제도 도입을 추진했다. 그 결과 국회에서 여야 합의로 '특검법'이 통과됐다. 이에 따라 민경식 특검팀이 구성돼 다시 조사에 들어갔다.

특검팀 출범 소식을 듣고 처음에는 '이제야 진실을 밝혀내려나 보다' 싶어 잔뜩 기대감을 품었다. 그러나 특검 구성원 면면을 알고 나니 슬그머니 불안감이 엄습했다. 특검이 구성된다고 하더라도 구성원 중 검찰에서 파견한 현직 검사 10명이 포함된다는 점 때문이었다. 나는 이 특검이 제대로 진상규명을 할 수 있을지 의구심이 들었다. 박경훈 부장검사를 포함해서 검찰 파견 검사 10명, 검찰수사관 수십 명이 참여한다고 했다. 검찰의 치부를 수사하는 일에 또 현직 검사들이 파견돼서 과연 얼마만큼 특검에게 협조할 것인지, 한숨이 나올 수밖에 없었다. 지난번 검찰 자체 진상규명위원회보다야 낫겠지만 검찰이 대거 들어가면 '이번에도 진실을 밝히기는 힘들겠구나' 싶었다. 특검에서는 여야가 합의한 특검법에 현직 검사와 검찰수사관을 파견하도록 규정돼 있어서 어쩔 수 없다고 했다. 특검제도의 한계가 고스란히 드러나는 대목이 아닐 수 없다.

나는 특검을 기다리는 동안 검찰 진상규명위원회의 먼지 털기 식 보복수사 후유증으로 크나큰 실의와 고통에 빠져 있었다. 7월 19일 나는 부산구치소에서 밤잠을 설치며 다음과 같은 번민의 글을 작성했다.

───────────────────────────

　나의 진정으로 시작된 검사와 스폰서 건으로 인하여 나의 명예와 유무형의 불이익은 그만두고라도 진정 사랑하는 집사람과 자식들, 가족 모두의 사회적 삶과 명예가 모두 깨져버렸다. 더 나아가 어머님을 비롯하여 형제, 조카들, 장인어르신(뇌출혈로 인하여 대수술) 등 처가의 모든 형제, 조카들도 명예와 함께 많은 것을 잃게 만들었다.

　앞으로 자식들, 조카들 어찌 결혼들을 시킬까 걱정이다. 더 이상 이러한 일이 발생해서는 안 된다. 국민에게 모든 진실을 밝혀 정의를 세우고 알 권리를 드려야 하는데, 지금까지의 검찰 진상조사가 너무나 미흡했지만 그것으로도 충분하다. 가족, 친지 그리고 증인, 참고인 등으로 고생하신 많은 선후배, 친구, 식당 등 여러 업소 사장님, 종업원분들께 죄스럽기 짝이 없다. 더 이상 이런 분들에게 피해를 주어서는 안 된다. 앞으로 나 자신이나 그분들 모두 어떻게 정상적인 생활을 할 수 있겠는가?

　또 내 건강도 무엇보다 중요하다. 허리(척추)를 비롯하여 여러 가지 부위의 이미 수술한 부분도 모두 평생 장애를 가져올 것이고, 앞으로 수술하게 되는 서너 곳의 부위도 그저 통증을 덜기 위해 수술하는 것이지 완쾌를 바랄 수 없어 결국 절름발이 신세가 되는 것이다. 재활, 물리치료 등 너무나 해야 할 것이 많고, 조금이라도 장애를 줄이려면 한시가 너무 중요하다. 그러나 차가운 수술실 분위기, 마취, 무릎 부위 25센티미터 내외에 걸쳐 톱을 써서 뼈를 가르고 관절을 뜯어내고 뼈를 다듬고 인공관절을 삽입하는 것 등은 생각만 해도 이제 겁이 난다.

모든 것이 무너져 경제적으로 가족에게 고통을 주고 있어 너무 괴롭고 힘들다. 모두 명예를 회복하고 그 이전의 상태로 돌아갔으면 한다. 평범한 생활인인 나와 가족의 삶을 송두리째 빼앗겼다. 앞으로 계속 1~2개월을 매일 언론에서 또 깊게 다룰 텐데 너무나 부담스럽고 고통스럽다. 나나 가족 모두 두 번 죽는 것이다. 힘들다.

앞에서 밝혔듯이 건강이 좋지 않아서 너무나 힘들다. 이런 상태로 다시 조사를 받는 건 너무나 가혹하고 정신적, 육체적으로 이겨낼 자신이 없다. 나의 건강과 가족의 명예가 최우선 아닌가. 그리고 진행되고 있는 재판이 내게 제일 중요하지 다른 건 상상하기도 싫다. 집사람과 자식들, 지인들에게 또 고통을 주어야 한다. 이건 아니다. 못 하겠다. 못 할 짓이다. 이중, 삼중으로 고통스러운 현실이다.

오늘 신문을 보니 특검 사무실이 서울 서초구에 마련된다고 한다. 참 어이가 없다. 아이디어가 그렇게 없는가. '검사와 스폰서' 1편의 조사 대상이, 나를 비롯하여 모든 참고인, 증인들이 부산, 경남 거주자들이고 각자 생업에 종사하고 있는 분들이다. 나 자신부터 말하면 진단서에 나와 있듯이 현재 전혀 보행이 불가능하여 휠체어 등으로 이동해야 하는데 장시간 서울로 이동하거나 서울 체류(구속이든 불구속이든)가 불가능한 상태다. 또 참고인, 증인 모두 생업에 종사하고 있는 분들이다. 이분들의 장거리 이동으로 인한 정신적·경제적 피해를 누가 보상하겠는가?

진정 진실을 밝힐 의지가 있다면 제보자의 건강 상태나 참고인, 증인 등이 처한 상황에 대한 배려가 있어야 한다. 그런데 오히려 그런 여러 악조건을 만드는 것은 과연 특검팀의 바른 자세라 할 수 없다. 자신들의 편의만 꾀하고 수사를 유야무야하려는 저의가 느껴진다. 그래서 결단코 특검 조사를 거부한다. 아니, 못 한다. 국민에게 진실을 투명하게 밝힐 의무가 있긴 하지만, 이에 대해 국민이 어떠한 질책을 해도 그건 내가 모두 감수한다. 어떠한 평가도 달게 받을 것이다.

다시 강조하지만 이 시점에서 중요한 것은 내가 건강을 회복하고 나의 가족이 살고 봐야 한다는 것이다. 정상적인 삶을 살 수 있어야 한다. 이것이 최고 중요하고 소중하다. 어느 누가 설득하더라도 응하지 않을 것이다. 남들은 상상하지 못할 만큼 나의 건강과 모든 것이 만신창이다. 더 이상 버텨낼 자신이 없다.

생물학적으로만 살아 있을 뿐 죽은 목숨이다. 모든 것이 끝장났다. 특검 조사가 이뤄져 진실과 정의가 명백하게 밝혀진다 해도 그 기간만 국민의 관심을 얻을 뿐 결국 나만 모든 것을 잃고 팽당하는 것이다. 어느 한 사람의 진실과 정의를 가지고 논할 사람이 없다. 인생을 헛산 나의 부덕의 소치다.

비교하긴 무엇하지만 길에 다니는 개도 도와줄 만큼 정에 약한 천성이니 도와달라고 부탁하면 거절 못 하고 사회 곳곳에 봉사 안 한 곳이 없다. 그동안 아마 수천 명의 사람들과 인연을 맺고 더불어 살려고 했다. 수천 명의 많은 분들에게 밥, 술 등을 대접했을 것이다. 반면에 성인 생활을 시작한 26세부터 오늘날까지 금액의 적고 많음을 떠나 술, 밥 얻어먹은 것은 진정 서른 번도 안 될 것이다.

생각하면 생각할수록 내가 한심하고 개탄스럽다. 이미 사회적으로 죽었다. 한 가지 얻은 것이 있다면 이제 전국 방방곡곡 모르는 사람이 없게 됐으니 어느 누구에게도 부탁받을 일 없을 것이며, 특히 오해받을 일이 없을 것이라는 점이다.

이 부분은 정말 홀가분하다. 어떠한 형벌보다도 더 큰 고통을 당하면서 얻은 것이라면 이것이며, 잃은 것은 사람이다. 또 큰 형벌인 특검에 응해서 언론으로부터 난도질당하기도 싫고 또 다른 형벌을 피하고 싶다. 이것이 우리 가족을 이제라도 지키는 길이다. 부패, 폐습, 잘못된 관습과 관행을 고치고 바꾸는 것이 이렇게 힘들 줄 몰랐다. 검찰의 계속되는 유무형의 압박과 괘씸죄로 걸고넘어지는 작태가 지금도 계속되고 있다. 아직 검찰이 정신을 못 차린 것 같다.

2010년 7월 19일 저녁 9시 30분쯤 구치소에서

손바닥으로 하늘을 가리려 하다

특검 조사는 건강 상태에 대한 배려로 특검팀 수사관 2명이 동행하여 앰뷸런스와 KTX를 타고 서울과 부산을 오르내리며 받았다. 부산에서 세 차례, 서울에서 두 차례였다. 조사 분위기는 지난번 검찰 자체 진상규명위원회 때보다 훨씬 부드럽고 편안했다. 그러나 그것도 민간 변호사 출신 특검이 조사할 때뿐이었다. 현직 검사들의 조사 태도와 분위기는 한결같이 '제 식구 감싸기'와 '조직 비호'로 흘렀다.

특검팀에는 검찰 출신이 아닌 변호사들 중심의 특검과 특검보가 3명 있었다. 특히 안병희 특검보, 이승현·이찬희 특별수사관 등 변호사 출신들의 수사 의지가 아주 강했다. 이분들은 진실을 밝혀내고 환부를 도려내고자 하는 강한 의욕을 보였다. 하지만 이들의 의지도 한계에 봉착했다.

조사 과정에서 특검 수사관들에게 직접 들은 얘기인데, 회의 때마다 특검보와 파견 검사들이 대립했다고 한다. 검찰 파견 조사관들이 "왜 특검과 특검보는 (제보자) 정 씨의 말만 믿느냐?" 이렇게 항의했다는 것이다. 특검보와 파견 검사들 사이에 알력이 심했다. 아침만 되면 고함을 지르는 등 난리였다. 10명의 파견 검사는 특검이나 특검보가 아니었다. 박기준 지검장을 특검에서 소환 조사할 때 뒷문을 열어준 사람이 특검에 파견 나온 부장검사였다고 한다.

파견 검사들은 박경훈 부장검사의 지휘 아래 수사 진행 상황을 검찰 상부에 수시로 보고했다. 상식적으로 말도 안 되는 특검 조사가 이뤄진 것이다. 부산에서 조사받을 때도, 서울에서 조사받을 때도 그랬다. 검사들은 항상 밖에서 모니터를 통해 지켜보고 있었다. 그리고 자기들한 테 불리한 진술이 나오면 "이런 경우도 있지 않느냐?" 이렇게 따져 물었 다. 자기 상급자인 특검보가 조사를 하는데도 파견 검사들이 들어와서 끼어들었다. 그리고 자기들한테 유리한 질문을 하거나 불리한 부분은 다른 식으로 물었다. 특검보가 이런 불합리한 상황을 제대로 제지하지 도 못했다.

서울에 올라가 조사를 받을 때는 검찰에서 특검에 파견된 현직 여검 사로부터 심지어 성희롱에 가까운 모욕도 당했다. 서울중앙지검 강수 산나 검사는 내게 "성관계를 어떻게 하나?", "한 달에 몇 번 하나?" 이런 걸 물었다. 나는 개인적으로 전립선비대증을 앓고 있으며 관련 진단서 도 갖고 있다. 내가 어이없어하며 강 검사에게 "왜 묻느냐?" 반문했더니, 강 검사는 "김철 부장검사에게 성 접대를 했다고 제보했지만 김 부장검 사는 성 매수를 당신이 해놓고 자기에게 덮어씌운다고 하더라"고 답했 다. 그래서 나는 "검사님, 내가 성기능이 좋으면 그날 내가 한 것이고 성 기능이 안 좋으면 내가 안 한 것입니까? 이런 질문이 어디 있나요?"라고 따져 물었다. 강수산나 검사로부터 그런 질문을 받는 순간 검찰 계장 2 명이 이를 지켜보고 있었는데, 강한 모욕감을 느꼈다. 그때 "궁금하시면 성기능 실험을 해보시지요"라고 답하려다가 꾹 참았다.

특검에 파견된 검찰 인력은 본래의 파견 취지를 벗어나 월권적인 수 사도 서슴지 않았다. 하나의 예가 주요 참고인인 나의 고향 선배에 대한 조사였다. 그 선배는 내가 검사들에게 성 접대를 할 때 곁에 있었던 유 일한 참고인이다. 특검 조사관들이 부산에 일주일간 와서 수차례에 걸 쳐 그 선배 참고인에게 진술을 받았다. 그 선배 부산 집과 영업장, 차량까지 압수수색을 했다. 형수님은 말할 것도 없고 열 살짜리 초등학교 3학년 아들의 계좌까지 추적했다. 고향 선배는 검찰 진상규명위원회 조사 때는 서울로 불려가서 거짓말탐지기 조사까지 받았다.

이런 과잉 조사는 검찰에게 불리한 참고인에게만 실시했다. 나는 검사에게 조사받을 때 스폰서 검사들이 성 접대를 받은 사실을 부인한다기에 "대질해달라, 양쪽이 거짓말탐지기 조사를 받게 해달라"고 요청했지만 죄다 거부당했다. 당사자가 거짓말탐지기 시험을 거부한다는 이유와 법원에서 증거능력이 없다는 핑계를 대며 검사들이 빠져나갔다.

과연 일반 국민이 경찰이나 검찰에서 조사를 받을 때 거짓말탐지기나 대질을 거부하면 과연 지금 자기들이 주장하는 저 논리로 고소인을 대할 수 있을까. 천만의 말씀이라고 생각한다. 당연히 공소장에 '이 사람은 대질도 거부하고 거짓말탐지기도 거부하는 것으로 보아 범죄 혐의가 간접적으로 충분히 의심된다' 이런 식으로 적어 똘똘 말아 조사하고 기소하는 것이 지금까지 보여온 검찰의 행태 아닌가. 또 그것을 그대로 적용해서 처벌하는 것이 법원이다.

특검 수사가 후반기로 접어들수록 변호사 출신 특검 조사관들은 진실을 밝히려 하고 검찰 파견 검사들은 수사를 하지 않고 따로 노는 양상이 심해졌다.

당초 특검은 조사를 마치는 시점을 9월 8일로 잡았지만 9월 28일로 넘겨 55일간의 조사를 종결했다. 나는 8월과 9월에 걸쳐 특검이 조사하는 모양과 언론플레이를 지켜보며 '이번에도 (진실을 밝히기는) 글렀구나' 생각했다. 검찰 자체 진상규명위원회의 결론에 비춰 나아진 것 없이 '그 나물에 그 밥'이었다. 오히려 검찰 조직을 보호하기 위해 아무 상관도 없는 경찰을 끌어들여 물타기를 시도했고, 고위급 검찰 간부들 대신 힘없는 군법무관과 관련된 고검의 대기 발령 검사를 희생양으로 삼는 비열한 작태도 서슴지 않았다.

검찰 파견 특검 조사관들이 부산에 내려와서 몇몇 경찰관들을 표적 수사한 것은 전형적인 물타기 수법이었다. 영장 사유를 위배하여 불법으로 취득한 내 휴대폰의 600여 개 번호와 문자 발·수신 내역 중에서 경찰관들의 번호를 찾아 뒤졌던 것이다. 그런 다음 언론사 기자들을 불러 "정 씨 주변 인물, 돈 거래 있는 전·현직 경찰 조사"라는 말을 중간에 흘렸다. 10년 전에 내 선배가 친구(경찰)와 돈거래를 한 내용인데도 마치 그것이 나와 관계된 것처럼 발표했다. 그래서 한때 부산 경찰 조직은 경찰이 연루된 것처럼 술렁였지만 결국 아무것도 나오지 않았다. 이런 식으로 검찰은 내 명예를 죽이면서 경찰을 슬그머니 끼워 넣어 검찰의 치부를 물타기하는 치졸한 행태를 보였다.

특검이 기소한 부산고검 정택화 검사의 경우도 대표적인 희생양 만들기였다. 이 검사는 내가 성 접대를 한 일도 없고 단순히 한 차례 식사 대접만 한 사람인데 마치 스폰서 검사의 핵심 인물인 양 기소됐다. 2009년 3월에 나는 군법무관들 송별회를 시켜준 일이 있다. 당시 군법무관 5명과 함께 부산고검 정택화 검사가 나와서 나까지 7명이 회식하고 그 식대 64만 원을 내가 냈다. 그런데 검찰에서는 그를 표적으로 삼았다. 마치 내가 사건을 청탁하기 위해 그를 접대했다는 식으로 몰아갔다. 특검이 정 검사를 기소하면서 공소장에 기재한 식사 시점은 2009년 3월 30일이다. 하지만 그때는 내 사건이 인지조차 되지 않았고 내가 아무런 조사를 받는 상황도 아니었기 때문에 청탁할 이유도 없었다.

조사 과정에서 정 검사는 "군법무관들은 책임이 없다. 책임을 지면 내가 진다"라고 의연하게 말했지만 특검에서는 끝내 그를 기소했다. 한 때 기소에 반대하는 변호사 출신 특검보들과 검찰 파견 검사들 사이에 고성이 오가는 등 한바탕 진통이 있었다고 한다. 나는 처음에 이 소식을 듣고 인간적으로 정 검사에게 죄송하기 짝이 없고 탄원서라도 내고 싶은 심정이었다. 수천만 원대의 향응과 금품을 제공받은 쟁쟁한 전·현직 고위 검사들의 비위는 눈감은 채 승진에서 누락돼 곧 퇴직할 검사의 아무 대가 없는 한 끼 식사를 '조직의 희생양'으로 삼았다고 생각했다. 아니나 다를까, 기소된 정 검사는 최근 법원 재판을 통해 무죄판결을 받았다. 사필귀정이란 생각이 들었다.

9월 29일 민경식 특검이 조사 결과(부록 참조)를 발표했다. 조사 기간 내내 예상했지만, 발표된 특검의 조사 결과는 정말 어이없고 황당했다. 처음부터 우려했던 것처럼 진상규명위원회와 특검 조사에서 제보자인 나만 모든 것을 잃고, 스폰서 검사 핵심 인물들은 대부분 면죄부를 받았다. 나는 내가 할 수 있는 한에서 최선을 다해 특검에 협조했다. 증인을 확보해주고 설득하는 등 특검에서 요구하는 것은 다 들어줬다. 진술하기 부담스러운 사람도 수소문해서 협조할 수 있게 했다. 하지만 5개월여에 걸친 검찰 진상규명위원회와 특검 조사에서 제보자인 나만 만신창이가 됐다. 건강은 더 나빠지고, 가정은 파탄 나고, 이루 말할 수 없는 심신의 고초를 겪었지만, 특검은 어떤 성과를 못 내고 오히려 스폰서 검찰에 면죄부만 준 채 막을 내렸으니 허탈할 뿐이다.

특검은 스폰서 검찰의 핵심 인물인 박기준 전 부산지검장은 공소시효가 지났다는 이유로 무혐의 처리했다. 그는 이번 사건의 중심인물로서, 내가 뇌물공여죄로 처벌받는 한이 있더라도 포괄적 뇌물수수죄나 직무유기로 기소했어야 옳았다. 25년여 동안 나한테 수천만 원대의 밥과 술을 접대받은 거물급 검사들은 무혐의 처리하고, 64만 원어치 밥과 술을 (그것도 여럿이서) 한 번 얻어먹었다는 이유로 부산고검 정택화 검사를 기소한 것은, 지나가는 소도 웃을 일이다.

지난해 3월 정 검사가 마련한 군법무관들의 환송연을 내가 지원했다. 하지만 내 사건이 터진 것은 같은 해 4월 말이었다. 그러니까 환송연 때 사건을 청탁할 수도 없었다. 그런데 64만 원어치 향응을 받고 사건을 청탁받았다고 정 검사를 기소했다. 그런 식이라면 내 사건과 관련해 '수사를 늦추라'고 지시하고, 25여 년 동안 밥과 술 접대를 받은 박기준 전 지검장에게도 포괄적 뇌물수수죄를 적용했어야 한다. 정 검사는 곧 검찰을 떠날 사람이다. 결국 박기준 전 지검장을 기소하지 않기 위해 정 검사를 희생양으로 삼았다고 볼 수밖에 없다. 그렇다면 정 검사가 법원에서 무죄판결을 받은 것은 어쩌면 당연한 귀결이다. 법원의 판결이 옳았고 정택화 검사에게 진 마음의 빚을 갚았다는 생각이다.

특검은 김철 부장검사의 성 접대에 대해서도 무혐의로 처리했는데, 술집 사장과 아가씨는 2차를 나갔다고 수차례 진술했다. 하지만 특검은 "2차는 나갔지만 성관계는 하지 않았다"고 두둔했다. 그러면 성관계하는 것을 직접 보고 와야 성 접대가 확인되는 것인가? 일반 성인들이 성매매로 단속됐을 때 그런 식으로 조사하는가. 우리보다 진술이 더 약한 경우라도 100퍼센트 구속할 것이다.

특검 내부의 갈등과 알력이 굉장히 심했던 것 같다. 파견 검사들과 민간인 특검보·특별수사관 사이의 갈등이 심했다. 파견 검사들은 팔이 안으로 굽는다고 검찰 조직을 보호하는 쪽으로 수사를 진행했다. 조사 과정에서 자기들한테 불리한 진술이 나오면 끼어들어 방해했다. 그래서 이번 특검은 검사들을 조사하는 사건에 검사를 파견하면 절대로 안 된다는 교훈을 남겼다.

한편 박기준 전 지검장과 한승철 전 감찰부장은 특검 조사가 끝나기도 전에 면직 처분 취소 소송을 냈다. 그들이 이 소송을 냈다는 것은 국민을 우롱하는 것이다. 복직하겠다는 뜻인데, 참으로 후안무치하다고 생각한다.

크나큰 실망만 안겨준 특검 결과 발표가 있고 나서 나는 심신이 더욱 피폐해졌다. 10월 18일에는 그동안 입원해 있던 대동병원에서 부산 시내 다른 병원의 정신과 폐쇄 병동으로 옮겨 치료를 시작했다. 진상규명 위원회와 특검 결과 발표에 대한 절망감, 허탈감에 어이가 없었고 그로 인해서 잃은 게 너무나 많았다.

내 아내와 어머니, 자식, 형제 등 가족, 친지에게 너무나 많은 고통을 주었다. 증인으로 선 분들은 물론, 단지 나와 문자를 주고받고 내 휴대폰에 이름이 저장돼 있다는 이유만으로 많은 사람이 조사를 받고 명예와 인권을 침해당한 사실을 이 조사가 끝난 시점에야 알았다.

나를 믿고 도움을 주신 모든 분들께 얼굴을 들 수가 없었다. 결국 나로 인해서 고통을 받고 압박 수사, 보복 조사, 계좌 추적, 가택수색 등 여러 가지 불이익을 당했다. 나는 할 수 있는 데까지는 증거가 있는 한 페어플레이 한다는 자세로 검찰과 특검을 믿고 모든 자료를 제출했다. 그런데 검찰은 역으로 그것을 악용했다. 제출한 자료와 증인들을 진상 조사에 이용한 것이 아니라 개인 보복 수사, 별건 수사로 악용해버렸다.

지금까지 유지해온 검찰의 폐습적인 수사 행태를 이 사건을 계기로 바꾸겠다고 해서 제보를 했는데, 거꾸로 제보자를 죽이려 드는 권력의 작태가 한탄스러울 뿐이다.

내가 검찰에 포위돼 외롭게 조사를 받은 시점인 2010년 8월 6일, 인터넷 다음에 내 후원 카페(http://cafe.daum.net/sponsor2010)가 생기고 후원 계좌도 만들어져서 그나마 위로를 받았다. 그 한 분, 한 분들이 올리는 격려의 글들을 보면서 힘을 얻었다. 그분들도 검찰에게 보복당하지는 않을까 걱정되는데, 그걸 무릅쓰고 격려해주시고 후원해주신 데 대해 고마움을 느꼈다. 그중 익명으로 "힘내세요. '끝까지'"라고 보내준 격려 글이 가장 기억에 남는다. 소액 후원들이었지만 내겐 굉장히 큰 용기를 주고 격려가 됐다.

처음 「PD수첩」이 방영된 직후만 해도 죽음을 생각할 정도로 괴로운 상황이었지만 수천 명의 네티즌이 격려해주신 데 힘입어 견뎌왔다. 그러나 검찰은 네티즌들이 후원 카페에 참여하는 것도 교묘하게 방해했다. 내 친구나 선배, 지인들은 내 후원 계좌에 1만 원이라도 입금하면 검찰로부터 압수수색이나 계좌 추적을 당하진 않을까 두려워했다. 병문안은커녕 심지어 안부 전화 한 통도 걸지 못할 정도였다.

부실하나마 특검 수사가 끝나자마자 교묘한 검찰의 반격이 나를 옥죄어왔다. 살기 위해서는 내가 나서서 검찰의 악행을 만천하에 드러낼 수밖에 없다는 판단을 했다. 나는 2010년 11월 14일, 5개월여에 걸쳐 이른바 검사와 스폰서 사건 수사에 가담한 검사들이 내게 저지른 불법적 행각을 고발했다. 허위 공문서 작성과 직권남용 등의 혐의로 경찰에 고소장을 낸 것이다. 피고소인은 검찰 진상규명위원회 채동욱 조사단장 등 조사검사 전원과 특검 수사팀 박경훈 부장검사 등 특검에 파견된 검사 전원으로 정했다. 나는 고소장을 통해 관련 검사들을 처벌해달라는 것은 개인이 아니라 국민의 이름으로 응징하려는 심정임을 밝혔다.

이들 검사가 저지른 구체적 죄목을 들면, 검찰 자체 진상규명위원회는 의혹을 규명하는 과정에서 나의 제보 중 여러 건을 아예 조사나 확인 자체를 하지 않고 사실과 전혀 다른 내용의 허위 공문서를 작성하여 여론을 호도하고 국민을 기만했으며 나의 명예를 크게 훼손시켰다는 것(허위 공문서 작성 및 명예훼손, 직무유기)이다. 나는 진실을 밝히고자 수차례 진상규명위원회 및 특검 수사팀에 당사자인 검사 전원과 업주, 종업원 등 관련 참고인들과의 대질심문 및 거짓말탐지기 조사를 요구했으나 상대가 대질을 거부하고 거짓말탐지기 조사가 증거로 채택되지 않는다는 이유 등으로 받아들여지지 않았다. 다른 대부분의 사건에서는 피의자가 대질심문이나 거짓말탐지기 조사에 응하지 않으면 그걸 유죄의 근거로 삼아 기소를 일삼는 검찰이 왜 유독 내가 요구한 대질심문이나 거짓말탐지기 조사에는 오히려 손사래를 쳤을까?

내 전화기가 구치소에 영치돼 있었는데 나는 순진하게도 수사에 적극 협조한다는 취지에서 영치돼 있는 휴대폰을 구치소의 허락을 받아 제출했다. 조사 둘째 날에 박기준의 녹음된 음성을 조사할 수 있도록 협조했던 것이다. 그럼에도 이튿날 나의 영치된 휴대폰을 압수해갔다. 법적 절차를 밟고 판사가 발부한 영장에 따라 가져갔기에 그 자체에는 이의가 없다. 그러나 그 영장 청구 사유가 내 휴대폰에 있는 녹음 부분의 위·변조를 방지할 목적이라는 것을 분명히 확인하고 지장을 찍어줬다. 그랬으면 검찰은 영장에 규정된 대로 녹음 내용만 들여다봐야지 왜 휴대폰 안에 저장된 문자메시지와 전화번호까지 뒤져서 마녀사냥식으로 무작위 수색을 해대고 '조사'를 한단 말인가. 검찰의 이러한 작태는 직권남용 및 통신비밀보호법 위반에 해당한다. 자신들의 불법을 덮기 위해 또 다른 불법을 저지른 것이다. 이것은 진상규명위원회뿐 아니라 특검 수사팀에 파견된 검사들도 마찬가지다.

또 진상규명위원회는 조사 내용과 증거물 모두를 특검팀에 넘겨야 함에도 이를 어겼다. 내가 이의를 제기하고 확인해보니 내 전화기는 어이없게도 아직 부산지검 사건과에서 보관하고 있었다. 이 또한 특검법 위반이다.

진상규명위원회와 특검으로 나간 검찰 파견 검사들은 다른 조사관들의 조사를 방해하는가 하면, 제보 내용과 아무 상관도 없는 선량한 사람들을 마구잡이로 조사하면서 협박 삼아 계좌 추적을 하는 등 사건의 본질을 흐리는 데 급급했다. 불법으로 취득하여 수사한 내용은 어떠한 증거가 될 수 없다는 것이 형사소송법이 정한 기준이라고 알고 있다. 그러나 그들은 그 불법 증거를 가지고 지금도 수사를 진행하고 있다. 개탄스럽다.

아직도 나의 절규는 끝나지 않았다

지난해 4월 20일 MBC 「PD수첩」 '검사와 스폰서'가 방영된 이후 내가 겪었던 수많은 일이 뇌리를 스쳐간다. 그 수많은 어려움과 고통을 일일이 표현할 수 없다. 검찰 진상규명위원회 조사 과정과 특검 수사에 파견된 검사들의 처신, 재판에 회부되어 재판을 받고 있는 한승철 검사장 등과 그 변호인들이 신성한 법정에서 행한 후안무치의 변론, 조작된 질의, 아니면 말고 식의 질문, 사건과는 아무 관련도 없는 사생활 문제 질문 등은 땅을 치고 통곡할 일이었다. 나도 불쌍하고 안됐지만 그 검사들과 변호인들의 언행을 체험하고 경험한 나로서는 그들이 더 불쌍해 보였다. 여러 증거와 증인들의 증언 등으로 혐의가 명백한데도 무조건 부정하고, 나를 비롯한 증인들, 참고인들을 인신공격하는 후안무치한 행동 앞에서 통곡하고 싶었다.

접대비를 몇만 원이라도 줄여서 처벌 수위를 낮추려고 안간힘을 쓰는 모습 등도 눈에 선하다. 중요 참고인이었던 내 선배의 차량 이동 행적(부산·경남 CCTV)만 수사해도, 아니면 주유소에서 기름 넣은 시간만 확인해도 명백하게 드러나는 사실을 확인하지 않았다. 또 참치, 복어, 전복 등 고급 어종을 접대받지 않았다고 했다가 당일 참치, 복어, 전복 등을 납품한 원거래서를 재판장에서 전격 제시하자 놀라면서도 '조작한 것 아니냐?'는 식으로 일관했다. 선량한 일반 국민이 모르쇠로 일관하거나 아니면 말고 식으로 진술한다면, 검사가 당장 '죄질이 좋지 않고 반성도 안 한다'며 최고형을 구형하고, 판사도 최고형을 선고할 것이다. 이것이 현재 국민이 알고 있는 현실이고 법 감정이다.

검사들은 정말 반성의 기미가 없었고, 모든 신문을 조작해 질문지를 만들었다. 그들이 과연 대한민국 최고 엘리트 집단으로서 일말의 양심을 갖고 있는지, 양심의 가책은 있는지를 내가 법정에서 물었다. 그런데 지금도 묻고 싶다. 우리 일반 국민을 대상으로 한 재판과는 아주 극명하게 대비된다. 자기들은 공소시효가 지났다고 땡, 엄연히 접대 장소가 존재하는데도 확인하지 않고 땡, 그렇게 모두 은폐하거나 축소 발표했다. 이는 명백하게 국민을 기만하는 것이다. 세상에 제보자, 피해자의 모든 통장, 본인은 물론 가족, 참고인, 지인들의 수십 년 된 통장까지 추적하는 진상규명위원회가 어디 있겠는가? 지금도 불법으로 입수한 신상 정보를 가지고 보복성 수사를 일삼고 있으니 어이가 없을 뿐이다. 정말 검찰을 견제할 수는 없는가? 공직자비리수사처가 꼭 도입돼야 한다.

얼마 전 언론에 보니까 사람이 사회생활을 하는 30대 이후 남자는 150명, 여자는 120명과 친교를 맺는다고 한다. 그리고 그 많은 사람 중 내가 어려움에 닥쳤을 때 도움을 준 사람이 9명 정도면 무척 성공한 인생이라는 것이다. 부끄러운 얘기지만 나에게는 현재 그런 사람이 사실상 한 명도 없다는 생각이다.

이번 일을 겪으면서 내 가족도 마찬가지로 생물학적으로만 살아 있을 뿐이지 죽은 것이나 다름없다. 얼마나 많은 고통을 검찰이 가해오는지, 검찰에서 이렇게 하는 것은 나더러 죽으라는 압박으로 받아들여진다. 손발 다 끊고, 불법 취득한 휴대폰 번호를 가지고 무작위로 그들의 계좌까지 추적했다. 참고인, 증인들의 영장을 모두 발부한 판사도 문제가 있다. 무엇보다 제보자와 용기를 내준 주요 증인들을 보호해주지는 못할망정 모조리 계좌 추적과 압수수색을 하도록 허용해준 법원의 태도를 납득할 수 없다. 검사야 권력을 비호하고 제 밥그릇을 지키기 위해 그랬다 쳐도 법원은 잘못을 바로잡아줄 마지막 보루가 아니던가.

이번 일을 겪으면서 나는 내가 잘못 살아온 인생을 돌이켜보고 깊이 반성하고 있으며, 사람은 외로움과 고통이 극에 달하면 목숨까지 버리려는 극단적인 생각을 가질 수 있다는 사실을 뼈저리게 느꼈다.

나는 이번 일로 생물학적으로는 살아 있지만 사회적으로는 죽은 것이나 다름없는 상황에 처해 있다. 지금까지 50여 년을 살면서 수많은 분의 도움으로 여기까지 왔지만, 한편으로는 배신감과 서운함을 느끼는 사람도 적지 않다. 그러나 여기에만 집착했다면 이렇게 살아 있지 못하고 벌써 화병으로 죽었을 것이다. 이러한 인간의 의리 앞에서는 나도 한낱 필부에 지나지 않아 초연할 수 없는 것이 사실이다.

중국의 고전 『채근담』에는 "내가 남에게 베푼 것은 마음에 담아두지 말고 남이 내게 베푼 것은 마음에 새겨두라"고 했지만 나는 부덕한 인간인지라 그동안 내게 은덕을 베푼 분들에게 아무런 보답도 못 하고 있다. 가슴이 아프고 그분들에게 죄스럽다. 이 자리를 빌려 진심을 담아 감사의 말씀을 드린다. 특히 이번 제보로 증인이 되어 (검찰로부터) 고통을 당한 분들께 고개 숙여 사죄의 말씀을 드린다.

나는 교수들이 선정한 '2010년 올해의 사자성어' 장두노미藏頭露尾(머리는 숨겼지만 꼬리는 숨기지 못한 모습)를 보며, 명색이 검찰의 부패와 악습을 시정하기 위해 발족한 진상규명위원회와 특검의 파견 검사들의 작태가 딱 그 짝이라는 생각이 들었다. 손바닥으로 하늘을 가리는 꼴이다.

평소 검찰청 부장검사와 술자리를 할 때면 그 밑의 평검사들은 상사인 부장검사는 말할 것도 없고 부장과 친한 내게도 굽실굽실했다. 나도 그 검사들을 극진히 대접했고 그 검사들 또한 내게 회장님, 회장님 하면서 깍듯이 대했다. 그런데 이번 일을 당하고 보니 그 피라미같이 보이던 검사들이 하늘같이 보인다. 세상은 검사 천국이 맞는 것 같다. 검사들이 마음만 먹으면 못 할 게 뭐가 있는가. 어이없고 개탄스러울 뿐이다.

지난 25년여 동안 수많은 검사를 겪으면서 그들의 언행을 지켜본 바로는 과연 그런 사람들이 법을 수호하고 정의를 구현할 자격이 있는지 의심이 든다. 자신들이 칼자루를 쥐었다고 해서 무고한 사람을 엮어 넣으려면 이렇게 하면 되고, 죄가 있는 사람도 봐주고 싶으면 저렇게 하면 된다는 묘사를, 다시 말해 같은 사안을 두고도 귀에 걸면 귀걸이, 코에 걸면 코걸이 식의 이중 잣대로 처리한다는 것을 많이 듣기도 했고 실제로도 많이 봤다.

내가 스폰서 검사 건을 제보한 현실에서도 검찰개혁은 말만 무성하지 수십 년간 전수되고 타성에 젖은 검찰의 병폐가 실제로 바뀌리라고는 보지 않는다. 몸조심하는 차원에서 회식 문화 같은 것은 조금 바꾸는 시늉을 할지 모르겠지만 권력 눈치 보기에 길들여진 검찰 상층부의 체질과 검사들 개개인의 자질이 바뀌지 않는 한 검찰개혁은 공염불에 그치고 말 것이다.

2009년 8월, 현 김준규 검찰총장이 취임할 때 국민에게 약속한 취임사를 생각해보라. 명예와 배려를 소중하게 여기는 신사다운 수사, 페어플레이 정신이 담긴 세련된 수사, 지위 고하나 빈부귀천을 막론하고 만인에게 공정한 수사… 과연 이 약속이 지켜져왔다고 믿는 국민이 몇이나 될까? 그렇다고 하면 지나가는 개도 웃을 것이다. 검찰은 그러고도 걸핏하면 '검찰의 명예' 운운한다. 대한민국 검찰에 아직도 지킬 명예가 한 줌이나마 남아 있기는 할까? 명예는 고사하고 시중의 조롱거리로 전락한 것이 오늘날 대한민국 검찰의 참모습이다. 참으로 뜻이 있는 반듯한 검사라면 어디 가서 검사 명함을 내밀기도 부끄러운 현실이다. 나는 그 부끄러운 실체를 바닥부터 겪어왔고 속속들이 알고 있는 사람이기에 감히 그렇게 말할 수 있다.

정말 그 검사들이 상명하복하면서 술자리에서는 예의를 넘어 비굴하게 행동하는 모습이 눈에 선하다. 지금까지 내가 그런 것을 모르다가 이번에 그런 검사들의 권력이 얼마나 큰지 절실히 깨달았다. 모든 것을 축소, 은폐하고 자기들은 깨끗한 양 입 싹 닦고 주위의 무고한 사람들을 무작위로 불러 조사하고 계좌 추적하는 그런 파렴치한 집단이 어디 있으며, 어느 누가 이것을 견제하고 통제한단 말인가.

나의 현재 심경을 승풍파랑乘風破浪(바람을 타고 물결을 헤쳐나간다)이라는 사자성어와 "웃기 위해 분노하고 웃기 위해 눈물을 흘린다"는 어느 시인의 말을 빌려 전하고 싶다.

"모든 일은 마음이 근본이다. 마음에서 나와 마음으로 이루어진다. 맑고 순수한 마음을 가지고 말하거나 행동하면 즐거움이 그를 따른다. 그림자가 그 주인을 따르듯이 진실을 거짓이라 생각하고 거짓을 진실로 생각하는 사람은 이 잘못된 생각 때문에 끝내 진실에 이를 수 없다. 진실을 진실인 줄 알고 진실 아닌 것을 아닌 줄 알면 이런 사람은 그 바른 생각 때문에 마침내 진실에 이를 수 있다"라고 한 법정 스님의 말씀이 가슴을 친다. 이 말씀에 대한민국 검사들도 가슴을 치기를 간절히 바라 마지않는다.

13년 만에
다시 책을 내는
이유

오래전 「PD수첩」에서 '검사와 스폰서'가 방송되고 1년이 지난 뒤에 『검사와 스폰서, 묻어버린 진실』이란 제목으로 「PD수첩」에서 못다 한 이야기들을 모아 책으로 낸 적이 있다. 그동안 가려졌던 검사들의 실체에 대한 나의 증언들을 모아 책을 만들었는데, 당시 내가 구속된 신세여서 내용이 아주 만족스럽지는 않았다. 더욱이 검사와 스폰서 사건으로 가족들이 겪은 고충이 헤아리기 어려울 정도였기에 그 시간은 그저 묻어두고 싶은 세월들이었다.

그로부터 8년여가 지난 문재인 정부 시절의 어느 3월에 지인의 권유로 다시 책을 한 권 만들었다. 검사와 스폰서 사건 이후 가족들 몰래 써둔 원고들을 나름대로 정리한 자서전 같은 책이었다. 『배신은 인생이다』라는 책 제목처럼, 나는 배신의 삶을 살고 있었다. 배신의 상처와 함께 수첩에 빼곡히 적혀 있던 지인들을 하나둘 빨간색 사인펜으로 지워가야 했던 참담한 시기였다.

다시 5년이 지났다. 14년 전 「PD수첩」 방송 이후 무엇 하나 변한 것 없이 시간만 흘렀다. 검찰의 수장이 일국의 대통령이 되더니 그야말로 대한민국을 검찰왕국으로 만들어버렸고, 검찰개혁은 고양이 손에 쥐어진 생선이 된 지 오래다. 지긋지긋한 악순환은 고스란히 세습되고 있다. 미완의 검찰개혁, 검찰주의자 윤석열 검찰총장 기용 등…. 문재인 정부가 자초한 일이라고 전 정권을 욕하는 일도 이젠 지친다.

그러던 중 과거 『검사와 스폰서, 묻어버린 진실』이라는 책을 함께 만들었던 『오마이뉴스』 구영식 기자로부터 개정증보판을 내보자는 제안이 왔다. 고민 끝에 용기를 내서 또 한 번 검찰개혁이란 바위를 향해 계란을 던지려고 한다. 나는 수많은 검사와 판사, 경찰들에게 향응과 접대를 해왔다. 이 책에서 언급하지 못한 검사만 해도 십수 명에 이른다. 14

년 전 제보에서는 검사들만 고발했지만, 나는 판사들도 룸살롱 등에서 수차례 접대한 사실이 있다. 그렇게 접대했던 판사 중에는 현재 최고위 법관으로 재직하는 분은 물론, 전 부장판사 출신도 있다. 다만 이 책의 목적은 부패한 검사 집단을 고발하는 데 있으므로, 검사 접대 사실 위주로 기술했다. 훗날 다른 책에서 반드시 밝힐 날이 오기를 바란다.

책에 기술된 내용과 상관없이 내가 곤경에 처했을 때 나를 위로하고 격려해준 신태영 전 성남지청장, 문규상 전 안산지청장, 민유태 전 진주지검장, 김종로 전 부산동부 부장검사에게는 죄송함과 함께 감사함을 전하고 싶다. 인격적으로나 술자리 매너 등에서 내가 만난 검사들 중 최고였다. 이들은 최근까지도 나와 연락을 주고받으며 많이 격려해주었다. 나를 위해 탄원서를 제출해준 최승호 피디와 240명의 교양 다큐멘터리 작가들에게도 감사를 전한다.

여러 가지로 부족한 사람인 내가 이렇게 다시 개정증보판을 내는 일에 대해 한없이 부끄러움을 느낀다. 그럼에도 불구하고 현재 20~30대 젊은이들이 검사들의 실체와 치부를 제대로 모르고 있기에 이를 알리고 싶은 마음이 컸다. 또한 과거 자신의 치부와 잘못 등을 제대로 반성하지 않고 여전히 위선과 가식으로 살아가는 검사들의 행태에 분노가 일었다. 그래서 다시 펜을 들었다. 이 책이 스스로를 돌아보고 반성하는 계기가 되길 바란다.

마지막으로, 검사와 스폰서 사건 당시 내가 겪은 심적, 정신적, 육체적 고통은 이루 말할 수 없다. 하지만 아내와 자식들이 지인 및 타인들에게 받은 눈총과 검찰의 압박 등으로 겪은 고통은 백번 죽어도 나의 탓이다. 진정 죄스럽고, 현재도 죽을 만큼 괴롭고 힘들다. 아내의 헌신적인 희생과 고통, 그 장면 하나하나를 다 표현할 수가 없다. 또한 엄마를 곁에서 지켜준 자식과 외국에서 공부 중이었던 자식 들이 겪은 국내외에서의 상황과 어려움을 어찌 나의 고통에 비교할 수 있겠는가? 가족의 절망과 고통, 여러 어려움을 생각하면 진정 죽고 싶은 생각이 든다. 허공을 바라보며 글을 쓰고 있는 지금도 당시 가족들의 고통이 떠올라 심장이 찢어진다. 각고의 노력으로 이겨내준 아내와 자식들에게 미안하고 감사하다. 그래도 나보다는 아내와 자식들이 인생을 더 잘 살아온 것 같다. 아내와 자식들의 지인들께서도 그간 많은 위로와 격려를 보내주시고, 또 고통을 나누며 옆에서 지켜주셨다. 모든 분께 감사를 전한다.

2024년 12월
정용재 쓰다.

아래 내용은 2010년 9월 28일 민경식 특별검사가 발표한 수사 결과 중에서 '스폰서 검사' 관련 부분만 발췌, 요약한 것이다.

1. 처분 결과

부산·경남 지역 검사들의 향응 수수 등 사건

• 박기준 전 검사장의 뇌물수수 부분은 공소권 없음, 혐의 없음, 직권남용 및 직무유기 부분은 각 혐의 없음. 한승철 전 감찰부장의 뇌물수수 및 직무유기 부분은 각 기소. 황희철 법무부 차관의 직무유기 부분은 혐의 없음. 정○○·조○○ 현직 검사장의 뇌물수수 부분은 내사 종결 (공소시효 도과). 정○○ 현직 고검 검사의 뇌물수수 부분은 기소. 김○○ 현직 부장검사의 뇌물수수 부분은 기소, 성매매 부분은 혐의 없음. 이○○ 현직 검사의 직무유기 부분은 기소, 뇌물수수 및 성매매 부분은 혐의 없음.

• 그 외 한승철이 주관했던 2009년 3월 17일 모임에 참석한 강○○ 당시 울산지검 부장검사, 2009년 4월 13일 회식에 단순 참석한 공판부 평검사, 2009년 4월 13일 회식 후 김○○ 부장검사가 새로 불러내서 함께 향응을 받은 정○○ 부장검사, 김○○ 부장검사, 2009년 6년 19일 강남역 부근 일식집에서 저녁 식사를 함께 했던 백○○ 검사, 공소시효가 명백하게 도과된 향응 수수 검사는 각 내사 종결. 위 수사 과정에서 제보자 정 씨와 수수한 금전의 성격에 관하여 추가 수사가 필요하다고 판단되는 부산 지역 전·현직 경찰관 4명은 관할 부산지검 검사장에 인계. 위 수사 과정에서 제보자 정 씨 또는 정 씨의 동생 정○○와 연락을 취하면서 향응 등을 받은 것으로 의심되는 전·현직 판사 2

명은 관할 부산지검 검사장에게 인계.

2. 특검의 수사 원칙 및 공소 제기 기준

- 이 사건은 제보자 정 씨가 모 방송사에 '20여 년 동안 수백 명의 검사들에게 금품과 향응을 제공했다'는 제보를 하여 그 취재 내용이 방영되면서 사회적 파장을 일으킨 사건. 따라서 국민 여러분의 주된 관심은 고도의 도덕성을 갖추어야 할 검사 등 공직자들이 지역 유지 또는 사건 관계자들로부터 불법 자금 또는 향응을 수수한 일이 있는지 여부, 그들이 이를 수수하였다면 그것이 사건 처리에 어떤 영향을 끼쳤는지를 철저히 수사해서 밝히고, 향후 공직 사회에서 이러한 사태가 재발되는 일이 없도록 조치하라는 것.

- 이러한 관점에서 특검팀은 제보자 정 씨로부터는 공소시효와 관계없이 검사들에게 베풀었다는 모든 금품 수수, 향응, 접대(성 접대 포함) 등에 관하여 진술을 들었음. 특검은 정확한 사실관계 파악을 위하여 특검 수사가 시작되던 날 특검보를 정 씨가 입원 중인 부산의 병원에 내려보내서 2차례 면담했고, 그후 3박 4일간 특검 수사팀이 부산에서 정 씨 진술을 직접 확인하였으며, 8월 30일부터 3박 4일 동안 서울 특검 사무실로 정 씨를 소환하여 필요한 대질조사 등을 했음. 그리고 그 후에도 다시 부산에 수사팀이 내려가서 마무리 수사를 했음. 금품 및 향응 수수 자체의 공소시효가 지난 것으로 보이더라도 과거에 제보자 정 씨로부터 금품 및 향응 등을 수수한 것이 검사로서의 업무 처리에 영향을 끼쳤을 수 있다고 판단되는 박기준·한승철 검사장 등에 대하여는 과거의 행적까지 모두 추궁하였음. 그리고 제보 당시 부산지검장이던 박기준과 대검 감찰부장이던 한승철의 업무 처리 선상에 있던 현직 검사 6명에 대하여는 직접 조사를 하였고, 서면조사를 했던 사람

중 3명에 대하여는 추가 조사가 필요하다고 판단돼서 직접 조사를 하거나 추가 서면조사를 실시했음. 그 외에 제보자 정 씨의 진술에 의하더라도 명백하게 공소시효가 도과된 전·현직 검사와 구체적인 인적 사항이나 범죄 사실이 드러나지 않는 전·현직 검사 및 2명의 전·현직 판사에 대하여는 서면조사를 하여 종결을 했음. 그리고 2009년 4월 13일, 부산지검 공판부 회식 당시 제보자 정 씨가 회식에 참석할 것이라는 사실을 알지 못하고 부장검사를 따라 단순 참석을 하고, 그 후 제보자 정 씨와 재차 만난 적이 없는 현직 검사들에 대해서도 더 이상 조사를 하지 않았음. 이들은 제보자 정 씨의 진술이나 진상조사단의 조사 결과만으로도 범죄의 혐의가 있다고 보기 어렵다고 판단하였기 때문임. 그 외의 강남 룸살롱과 관련한 사건, 강릉 김 계장 사건 등에서는 통상의 수사 방식대로 특검 사무실 또는 강릉지청 조사실로 소환하여 조사를 했음. 이번 수사에서 조사를 한 대상자는 총 200명 이상에 이름(수사1팀: 강남 룸살롱 사건 소환 34명, 전화 11명 등 45명, 명함 사건 8명, 강릉 사건 소환 50명, 전화 22명 등 72명. 수사 2팀: 소환 22명에 연인원 33명, 서면조사 19명에 연인원 20명, 현직 검사 24명, 전직 검사 2명, 현직 경찰관 2명, 전직 경찰관 2명, 현직 판사 1명, 전직 판사 1명 등 85명).

- 이번에 뇌물수수로 기소한 사건의 경우, 수수한 뇌물의 액수가 검찰의 일반적인 처리 기준에 비하여 매우 적은데도 너무 엄격하고 가혹하게 처리했다는 의견이 있을 수 있다고 봄. 그러나 특검법을 제정한 이유는, 특별검사로 하여금 기존의 기준에 구애받지 말고, 검사 등이 사건 관련자로부터 액수 여하를 불문하고 향응을 받았는지, 그와 같이 받은 향응 때문에 사건을 왜곡 처리하거나 다른 검사가 수사하는 사건에 영향을 미친 일은 없는지 등을 살펴보라는 취지로 해석할 수밖에 없었음. 특검팀은 바로 이러한 점을 매우 중요시하였음. 한승철 전 검찰부장과 부산지검 감찰담당이었던 이○○ 검사의 경우 자신이 거론된 진정서 등이 접수되자 자신들의 비리가 드러날 것을 염려한 나머

지 사건을 왜곡하여 처리한 면이 있고, 정○○ 고등검찰청 검사와 김○
○ 부장검사의 경우 향응을 받고 나서 수시로 제보자 정 씨와 통화를
하면서 수사검사에게 전화를 하여 사건 처리에 영향을 미친 사실이
있음. 특검팀은 이러한 사람들을 기소했고, 누가 접대하는지도 모르고
단순 참석하거나 수사검사에게 전화를 하는 등의 부적절한 행위를 한
일이 없는 사람은 모두 불기소하였음.

3. 적용 법률 등

• 수사 대상 중 부산 지역에 근무하던 검사들에 대하여 문제가 된 것은
제보자가 주장하는 금품 또는 향응 수수가 있었는가와 직무 관련성,
대가성이 있었는가 하는 문제, 피조사자들이 직무를 처리하는 과정에
서 직권을 남용했거나 직무를 유기한 혐의가 있었는가 하는 문제였고,
강남 룸살롱 사건의 경우 검찰수사관들이 받은 향응의 대가성이 있는
가 하는 문제와 그들이 공문서를 유출한 행위가 공무상 비밀누설죄에
해당하는가가 쟁점이 되었음.

*특검팀은 위 부분 법률 적용과 관련하여 관련 대법원 판결을 충분히 검토하였고, 특
히 뇌물죄, 직권남용죄와 직무유기죄, 공무상 비밀누설죄 등이 모두 법리적으로 어
려운 부분이 많고, 관례도 복잡해서 많은 고심을 했음을 말씀드림.

4. 개별적인 설명

• 박기준 전 검사장
박기준 전 검사장은 이 사건에서 핵심 인물로서 진원지라고 할 수 있
음. 박기준 전 검사장에 대한 혐의의 요지는 20여 년 전 진주지청에
근무할 당시 향응을 수수하고 촌지를 받았다는 혐의, 울산지검 부장

검사로 근무하던 2000년 2월경 향응을 받았다는 혐의, 2003년 4월경 부산지검 형사1부장으로 근무하면서 월 1~2회 이상 향응을 수수했다는 혐의, 2009년 6월 19일 서울 강남역 인근의 일식집에서 식사대접을 받아 향응을 수수했다는 혐의, 제보자 정 씨가 자신에 대한 추가 인지 사건에 대하여 선처를 요청하자 차장검사 김○○에게 "내사 사건의 수사 템포를 늦춰줄 수 없느냐?"고 말하는 등 내사 사건에 대한 수사 속도를 늦추도록 하여 직권을 남용했다는 혐의, 제보자 정 씨로부터 친전親展 형식으로 우송되어온 4통의 진정서를 받은 후 이를 상부에 보고하지 않은 채 부하 직원으로 하여금 수사하도록 하여 직무유기를 했다는 혐의 등.

이 중, 정 씨로부터 향응을 수수했다는 점은 이미 공소시효가 지나 모두 공소권 없음 처분을 하였음. 2009년 6월 19일, 저녁 식사는 직무와 관련된 접대 혹은 뇌물의 수수라고 인정할 증거가 없어서 무혐의 처분을 하였음.

직권남용의 점은 형법 제123조 '직권남용죄'는 공무원이 직권을 남용하여 사람으로 하여금 의무 없는 일을 하게 하거나 권리행사를 방해한 때에 성립하는 범죄로서, 미수범에 대한 처벌 규정이 없기 때문에 결과적으로 수사검사의 수사권 행사가 구체적으로 방해되거나 왜곡되었어야 성립되는데, 그런 결과가 발생하지 않았으므로 직권남용죄가 성립된다고 보기 어려워 이 부분을 무혐의 처리했음.

박기준이 직무유기를 했다는 혐의에 대하여서도 무혐의 처분을 하였음. 검사장으로서 진정서를 은닉하지 않고 차장검사에게 "정식으로 접수해서 처리하라"고 지시하고 결국 감찰담당 검사에게 배당되도록 한 이상, 상급 기관에 대한 보고 절차를 누락했다고 하더라도 형법상 직무유기죄에 해당하는 것으로 보기 어렵다고 판단했음.

결국 박기준에 대하여는 모두 불기소 결정을 하였음.

- 한승철 전 감찰부장

한승철은 박기준 다음으로 핵심 인물이라고 할 수 있음. 한승철에 대한 혐의 사실의 요지는, 2009년 3월 17일 부산 금정구 부곡동 65-15 소재 '참치락' 식당에서 정 씨로부터 합계 약 40만 원 상당의 식사를 제공받고, '만원' 룸살롱으로 자리를 옮겨 그곳에서 합계 100만 원 상당의 향응을 제공받고, 술자리가 끝날 무렵인 같은 날 24시경 정 씨가 교부하는 현금 100만 원을 교부받았다. 한승철은 이로써 정 씨가 제공하는 합계 240만 원 상당의 뇌물을 수수하였다는 혐의, 대검 감찰부장으로 근무하던 2010년 1월 14일경 및 1월 26일경 감찰1과장 김○○로부터 자신이 거론된 고소장과 진정서가 접수된 사실을 보고받고도 이를 소속 기관장인 검찰총장에게 보고하지 않고 부산지검에 하달하여 직무를 유기하였다는 혐의임.

그중 뇌물수수 혐의. 한승철은 뇌물과 향응의 대가성을 부인하지만, 당일의 여러 정황 및 '공무원의 직무와 금원의 수수가 전체적으로 대가관계에 있으면 뇌물수수죄가 성립하고 특별히 명시적인 청탁을 했다거나 개개의 직무와의 직접적인 대가관계가 있어야 하는 것은 아니다'는 취지의 판례 등을 충분히 검토한 결과에 따라 대가관계가 없다는 한승철의 위 주장은 받아들이지 않았음.

다음으로 직무유기의 점. 한승철은 고소장에 기재되어 있는 창원지검 차장검사는 자신을 지칭하는 것이고, 그 취지가 자신이 창원지검 차장검사 당시인 2009년 3월 17일 정 씨로부터 향응을 제공받고 현금 100만 원을 교부받은 행위를 함께 수사하여 처벌하여 달라는 내용이라는 것을 알았음. 그런데 한승철로서는 위와 같은 내용의 고소장을 접수한 사실을 지체 없이 소속 기관장인 검찰총장에게 보고하여야 함에도 불구하고 검찰총장에게 보고하지 아니한 채 감찰1과장 김○○에게 위 고소장을 그 고소장 자체에 향응 수수자로 적시되어 있는 부장검사 및 평검사 소속의 부산지검에 하달하여 처리토록 하고, 부산지검에 처리

결과를 보도하도록 지시하지도 않았음. 다시 한승철은 10여 일 후인 2010년 1월 26일경 감찰1과장 김○○로부터 최○○ 명의의 진정서가 대검찰청에 제출되어 감찰1과에서 접수하였다는 취지의 보고를 받고, 그 역시 자신도 관련된 것이라는 사실을 알면서도 검찰총장에게 보고하지 아니한 채 감찰1과장 김○○으로 하여금 같은 부산지검에 하달하여 처리토록 하였음.

그 후 위 진정서는 부산지검에 접수되어 주임검사가 공람 종결하였고, 위 고소장은 부산지검 2010형제6785호로 접수되어 주임검사가 범죄 혐의 없음이 명백하다는 이유로 각하 처분을 함. 그리고 한승철은 부산지검장에게 규정에 따른 보고를 요구하지 않았고, 검찰1과장에게 그와 같은 보고를 부산지검에 요구하도록 지시하지도 않았음.

결국 한승철은 자신의 뇌물수수 혐의를 비롯한 범죄 및 비위 혐의에 대한 조사가 개시되는 것을 회피하기 위해 검찰청 소속 공무원의 범죄 및 비위에 관련된 사건의 조사·처리 업무를 의식적으로 방기함으로써 구체적인 직무를 정당한 이유 없이 유기하였음.

이에 한승철에 대하여는 뇌물수수, 직무유기 혐의로 기소하였음.

- 황희철 법무부 차관
정 씨는 황희철이 진주지청에 근무하는 동안 정 씨로부터 향응 접대를 받고 촌지를 받았으며, 그 후에도 서울 강남 등지에서 수차 접대를 받았다고 주장했지만, 이 부분은 이미 공소시효가 지났음이 명백하므로 공소권 없음으로 내사 종결하였음.

다음으로 직무유기의 점. 정 씨는 100여 명의 검사들에게 향응 등을 제공한 것을 언론기관 등에 제보하겠다는 내용의 진정서를 2010년 2월 1일 팩스로 보냈는데도 이를 묵살한 것은 직무유기라고 주장하고, 황희철은 2010년 4월경 "존경하는 황 차관님께"라고 시작되는 단순한 사신을 받았을 뿐 진정서를 받은 일이 없기 때문에 진정서를 묵살하고 말 것도 없었다는 취지로 주장함.

먼저 사실 문제에 관한 판단. 팩스를 보낸 날은 2010년 2년 1월로 판단. 황희철 차관도 이 점은 사실상 인정. 팩스로 보낸 것이 과연 어떤 것인지는 서로 주장이 다름. 특검팀은 과연 정 씨가 진정서를 보낸 것인지, 아니면 단순히 자신의 사건에 대한 선처를 구하는 사신을 보냈는지가 사건의 요체라고 판단하고 다각적인 수사를 했지만, 결국 이를 확인할 수가 없었음.

위와 같이 팩스를 보낸 문서가 어떤 것인가를 확정할 수도 없었고, 정 씨가 진정서를 보냈더라도 법리상 상당한 문제가 있었음. 진정서의 수신인이 '부산지방검찰청 검사장'이라고 되어 있고, 황희철의 진술에 의하면 "정 씨가 부산지검에서 억울하게 조사를 받고 있다면서 자기의 사건이 선처되도록 도와달라고 하였고, 그렇지 않으면 언론에 폭로하겠다고 했기 때문에 부산지검에 내용을 알아보면 차관이 사건에 개입하는 것으로 오해를 받을 소지가 있어서 무시했다"는 것이며, 차관이 진정서를 묵살할 만한 특별한 동기도 보이지 않았음.

이러한 모든 상황을 고려하면, 설령 황희철 차관이 진정서를 받고도 묵살했더라도 고의로 자신의 고유하고도 구체적인 직무를 유기했다고 보기 어렵다고 판단돼서 '혐의 없음'으로 불기소 결정을 했음.

- 정○○, 조○○(현직 검사장)

피내사자 정○○는 2002년 2월부터 2003년 3월까지 부산지검 외사부장을 역임했고, 제보자 정 씨는 "정○○에게 위 기간 동안 송별회, 환영회, 부장 회식 등 형태로 향응 접대를 하였다"고 주장. 이에 대하여, 정○○는 "제보자 정 씨로부터 접대를 받은 일도 없고, 알지도 못한다"고 주장하면서 제보자 정 씨는 사람을 혼동하여 잘못 제보를 한 것 같다고 주장. 증거를 살펴보니 이 부분에 관한 제보자 정 씨의 진술은 믿기 어렵고, 달리 증거가 없으며, 공소시효 기간도 경과되었음이 명백하므로 내사 종결 처분을 하였음.

피내사자 조○○은 20년 전에 진주지청에 근무할 때 제보자 정 씨를 알게 된 문○○ 검사(현 변호사)를 통하여 정 씨를 알게 된 사람인바, 제보사실의 요지는 제보자 정 씨가 1989년부터 1995년까지 사이에 피내사자 조○○에게 서울 강남의 오죽헌 음식점과 룸살롱 등지에서 접대 등을 하였다는 것임. 이 부분도 믿을 만한 증거가 전혀 없고, 제보자의 주장에 의하더라도 공소시효가 도과되었음이 명백하므로 서면 조사만 하고 내사 종결 처분을 했음.

- 정○○ 고검 검사(현직)

정○○에 대한 혐의의 요지는 2009년 3월 30일경 정 씨로부터 식사 대접을 하겠다는 제의를 받고 부산 고검에서 법무관으로 근무하던 천○○ 등 6명을 데리고 제보자 정 씨의 아들이 경영하는 부산 금정구 소재 '참치락' 식당에서 식사 등을 한 다음 식대 24만 원 상당과 이어 인근의 '도도노래방'으로 옮겨서 향응 접대를 받은 후 그 대금 40만 원 상당 등 합계금 64만 원 상당을 위 정 씨로 하여금 지급하게 하여, 정 씨가 대부업자 관련 변호사법 위반죄로 수사받는 것에 대하여 잘 도와달라는 취지로 제공하는 향응 등을 수수하였다는 것임.

정○○ 고검 검사는 위 접대를 받은 후 정 씨 또는 선배 구○○와 여러 차례(20회 이상) 통화를 하였고, 그 직후 정 씨 사건 담당 부산지검 서○○·박○○ 검사에게 순차 전화를 하여 "당사자가 억울해하니 수사 기록을 잘 살펴보라"는 취지로 말함으로써 수사에 영향을 미칠 수 있는 행위를 하였음. 그리고 정 씨가 7월 27일 체포된 후 선배 구○○이 부산고검 정○○ 검사의 사무실로 찾아가서 선처를 구하는 부탁도 하게 됨. 이에 정○○ 고검 검사를 직무에 관하여 정 씨로부터 위 64만 원 상당의 향응을 받아 뇌물을 수수하였다는 혐의로 기소하였음.

- 김○○ 부장검사(현직)

  김○○에 대한 혐의의 요지는 2009년 3월 초경 당시 창원지검 차장검
  사이던 한승철로부터 함께 저녁 식사를 하자는 제안을 받고 2009년 3
  월 17일 19시경 부산 금정구 부곡3동에 있는 제보자 정 씨의 아들이
  운영하는 '참치락' 식당에서 차장검사 한승철 및 울산지검 부장검사
  강○○와 만나 식사를 하면서 정 씨를 알게 되었고, 같은 날 22시경부
  터 24시경까지 사이에 만원 룸살롱에서 술을 마신 후 여성 접대부 정
  ○○와 같은 건물 위층에 있는 모텔에서 성관계를 하여 성매매를 하였
  다는 혐의, 그 직후인 2009년 4월 13일 공판부 검사 11명을 데리고 위
  참치락 식당과 만원 룸살롱에서 향응 접대를 받고, 공판부 검사들을
  돌려보낸 후 당시 부산지검 형사4부장이던 정○○, 형사5부장이던 김
  ○○를 만원 룸살롱으로 오도록 하여 함께 술을 마시는 등으로 향응
  을 제공받았다는 것인바, 그중 뇌물수수 혐의는 기소하고, 성매매 부
  분은 무혐의 처분하였음.

  피의자가 2009년 3월 17일 만원 룸살롱에서 한승철, 강○○, 정○○ 등
  과 함께 여성 접대부 4명을 동석시켜 술을 마신 사실은 인정되지만 성
  행위를 하였다는 점은 부인하고 있고, 성매매 상대방으로 지목된 정○
  ○가 손님 중 누군가와 성매매를 하였는지는 전혀 기억하지 못한다고
  진술하면서, 장부에 성매매를 한 것처럼 표시되어 있다고 하더라도 속
  칭 '공차'(화대는 받고 남성 측의 사정 때문에 성행위는 하지 않는 경우를 지칭하는 속
  어)라는 것도 있어서 반드시 성행위에 이르는 것은 아니라는 취지로 진
  술하고 있음. 이와 같이 피의자와 정○○ 주장이 전혀 다른 상황에서
  성매매 혐의를 인정할 만한 충분한 증거가 부족하여 무혐의 처분을 한
  것임.

- 이○○ 검사(현직)

  이○○에 대한 혐의의 요지는 2009년 4월 13일 공판부장검사 김○○

이 주재하는 회식에 참석하였다가 회식 등 비용을 부담, 지출한 제보자 정 씨를 알게 된 후 2009년 4월 18일 만원 룸살롱에서 여성 접대부 2명을 동석시켜 정 씨와 함께 술을 마시던 중, 정 씨가 룸살롱 영업사장 김○○에게 성매매대금 19만 원을 지급하자 동석했던 여성 접대부 '선주'(가명)와 같은 건물에 있는 모텔에서 성관계를 하여 성매매를 하였다는 혐의, 이후 2009년 5월 8일경 '수' 카페 등지에서 34만 원 상당의 술 등을 대접받아 뇌물을 수수했다는 혐의, 위와 같이 향응 등을 제공받은 영향으로, 부산지검 형사1부에 소속되어 감찰 및 인권전담 검사로 근무하던 중인 2010년 1월 22일경 대검찰청에서 이첩된 부산지검 2010형제6785 고소인 최○○ 사건을 배당받아 처리하면서 고소장에 기재된 '2009년 4월경의 부산지검 공판부 검사들에 대한 향응접대 등 사실'이 드러날 것을 염려한 나머지 형식상 포항교도소장에 대한 직무유기 부분에 대해서만 각하 처분을 하고 검사들에 대한 접대 내역 부분에 대해서 아무런 조사나 처분도 하지 않고 은폐함으로써 감찰담당 검사로서의 구체적인 직무를 정당한 이유 없이 유기하였다는 혐의 등임.

위 혐의 중 직무유기죄를 기소하고, 성매매와 뇌물수수는 무혐의 처분을 하였음. 성매매는 그 상대방으로 지목된 '선주'라는 사람의 인적 사항과 소재를 찾지 못하여 확인할 수 없었고, 뇌물수수 부분은 이○○와 정 씨의 관계, 당시의 이○○의 직무, 식사 등 대금(34만 원을 4인으로 나누면 9만 원 미만임)을 종합적으로 고려해보면 직무의 대가로 접대를 받았다고는 보기 어려워서 불기소한 것임.

- 그 외에 공소시효가 지난 나머지 피조사자들 및 공판부장 김○○이 주관하는 2009년 4월 13일자 공판부 회식에 단순 참석했던 검사들, 강○○, 김○○, 백○○에 대하여는 모두 불입건하거나 공소권 없음 또는 혐의 없음으로 불기소 처분하였음. 나아가 제보자 정 씨 관련 계좌를

검토하는 과정에서 정 씨가 다수의 전·현직 경찰관들과 거래를 한 흔적이 발견됐고, 이에 대하여 수사를 벌였지만 관계자들 모두 "단순한 금전 대차거래였다. 대가관계가 있는 뇌물이 아니다"라고 주장하여 더 이상 수사를 진척시키지 못했음. 이 부분은 관련 검찰청(부산지검)에 사건을 인계하였음. 수사 과정에서 정 씨의 수첩에 나오는 전직 또는 현직 판사 2명에 대하여 정 씨와의 연결고리를 파악하고자 노력하였으나 혐의점을 찾지 못했고, 역시 부산지검으로 인계하였음.

아래는 2010년 6월 9일 '검사 스폰서 의혹 진상규명위원회'가 발표한 조사 결과 발표문의 핵심을 요약한 것이다.

1. 머리말

일부 검사가 관련된 일이기는 하나, 공익의 대표자로서 부정과 불의에 맞서 법질서를 수호해야 할 책무를 지고 있는 검사들이 특정 업자와 유착되어 각종 향응을 제공받았다는 방송 내용은 국민들에게 큰 충격과 실망을 안겨주었음. 이런 상황 속에서 출범한 진상규명위원회는 위 방송에서 제기된 일체의 의혹들에 대하여 시효 완성 여부와 상관없이 신속하고 공정하게 조사하여 국민 앞에 그 진상을 낱낱이 밝히고, 드러난 비위에 대하여는 엄중 문책함과 아울러 검찰개혁의 계기로 삼아야 한다는 인식 아래 진상조사에 착수하였음.

그런데 2009년도 의혹을 제외한 대부분의 의혹들은 5년 내지 26년 전의 일들로서 관련자들의 기억이 흐릿하고, 금융거래 자료 폐기, 관련 장부 소실 등으로 객관적 물증을 확보하는 데 현실적 한계가 있었으며, 특히 지난 5월 중순 여야 간의 특별검사 도입 합의 이후에는 제보자 정용재가 조사에 불응하는 등 조사 활동에 많은 어려움이 있었음. 진상규명위원회는 이와 같이 조사상의 많은 한계와 애로 속에서도 이번 사건의 진상을 철저히 규명하기 위하여 나름대로 최선의 노력을 다하였음.

2. 조사경위

| 진상규명위원회 설치 |

대검찰청은 이 사건의 진상을 철저하고 신속하게 규명하되, 조사의 공정성·신뢰성을 담보하고, 제도 개선 대책을 마련하기 위해 민간위원이 다수 참여하는 진상규명위원회를 설치하였음. 수사에 준하는 강도 높은 조사를 진행하기 위하여 검사 등으로 구성된 진상조사단이 진상규명위원회의 조사 방침에 따라 조사를 전담하되, 진상규명위원회에서는 조사 상황을 수시로 보고받고, 보완 조사를 요구하는 등으로 조사 과정·결과를 철저히 검증하였음.

총 7회에 걸친 진상규명위원회에서 엄정하고 투명한 조사 원칙을 설정함은 물론, 외부위원 조사 참관, 정용재에 대한 영상조사 녹화물 시청, 정용재 면담 및 대질조사 협조 요청을 하였을 뿐만 아니라, 검찰의 문화·감찰·제도 등의 개선 대책 마련을 위한 폭넓은 논의를 진행해왔음.

| 조사 원칙 |

수사에 준하는 강도 높은 조사(검찰의 정예 특별수사 역량을 집중 투입, 한 점 의혹 없이 철저하게 진상규명, 의혹 대상자들에 대한 원칙적 소환 조사, 폭넓은 압수수색 실시), 예외 없는 광범위한 조사(공소시효, 징계시효 완성 여부 불문하고 관련자 전원 조사, 「PD수첩」의 방영 내용은 물론, 조사 과정에서 추가로 포착되는 비위에 대해서도 예외 없이 진상규명), 투명하고 공정한 조사(변호인 참여, 영상녹화 조사 실시 등 조사의 투명성 확보 적법절차 준수, 진상규명위원회에 대한 조사 상황 수시 보고 및 보완 조사, 민간위원들의 조사참관 및 영상조사 녹화물 시청 등으로 공정성 확보), 과학적 증거 수집(수표·계좌 추적, 통화내역 분석, 디지털 수사기법 등을 활용한 과학적 증거자료 확보 노력).

| 조사 진행 경과 |

조사의 공정성과 투명성 확보에 만전을 기함, 접대 의혹 및 진정 사건 등의 부적정 처리와 관련된 전·현직 검사 총 101명 조사(현직검사 71명, 전직검사 30명), 특히 의혹의 중심에 있는 박기준·한승철 등 2명의 검사장에 대하여는 사안의 중대성을 고려, 민간 진상규명위원 참관 하에 강도 높게 조사, 향응·접대 관련하여 유흥주점 업주·종업원 등 총 50여 명에 이르는 참고인 조사, 정용재 관련 변호사법 위반 등 형사사건, 진정·내사 사건 등 기록(정용재의 다이어리 5권 사본 포함)을 확보하여 사건 처리 과정 등 분석, 「PD수첩」 등 언론에 낸 제보서 외에도 정용재가 2005년경부터 검찰, 법원 등에 제출한 고소장, 진정서 등 13건을 확보하여 구체적 주장 내용 등 분석·정리, 검사 접대 장소로 지목된 유흥업소 등 4곳을 수색, 영업 장부 등을 압수하여 분석, 박기준·한승철 검사장의 최근 휴대전화 통화 내역을 조회하여 분석.

3. 조사결과

| 이 사건 제보 요지·경과 |

제보 요지는, 진주지청 검사 등에 대한 접대 의혹, 부산·경남 지역 검사 접대 의혹, 창원지검 차장검사, 부산고검, 부산지검 ○○부 등 접대 의혹에 관한 것임.

제보 경과는, 정용재는 검사 등에게 청탁하여 사건을 무마해주겠다는 등의 명목으로 2700만 원을 수수한 혐의로 경찰의 수사를 받아 검찰에 구속 송치됨, 박기준 검사장이 부산지검장으로 부임한 직후 정용재는 부산지검에 구속집행정지를 신청하였으나 불허 결정을 받고, 구속 기소됨, 정용재는 경찰관 승진 로비 대가로 5000만 원을 받은 새로운 혐의에 대해 검찰 내사가 시작되자, 수사를 확대할 경우 검사 접대 내역을 언론사 등에 제보하겠다는 편지를 박기준 검사장 앞으로 보냄, 부산지법의 구속집행정지 결정으로 석방된 후, 박기준 검사장에게 구속 수사 중인 사건에 대해 선처해 주지 않을 뿐만 아니라 새로운 혐의에 대해 추가로 내사하는 데 불만을 제기하며, 검사 접대 사실을 폭로하겠다는 내용 등의 문자메시지를 70회 이상 발송, 주임검사는 경찰관 승진 로비 명목으로 5000만 원을 수회한 혐의로 정용재를 추가 기소, 정용재는 자신에게 접대받은 검사들을 처벌해달라는 진정서를 부산지검에 제출하고, 그 무렵 MBC 「PD수첩」 등에 검사 접대 내용을 제보.

| 이 사건의 진상 |

─ 제보서 작성 근거 및 동기 관련 의문점

정용재는 그동안 검사 접대 내역을 정리한 문건들을 수회 작성하여 두고 있었는데, 「PD수첩」에 건넨 자료는 주로 2005년경 작성한 것과 2007년경 작성한 두 종류를 토대로 2009년 9월경 재작성한 것으로 보임. 정용재가 마지막으로 작성한 「PD수첩」 제공 문건도 비밀 장부가 아니라 그동안 정리해두었던 위 문건들의 종합판으로 보임. 그런데 2005년 문건에는 기재되지 않았던 접대 내역 8건이 2007년 문건에 추가되거나, 동일 사안에 대해서도 일시, 장소 등이 문건마다 달리 기재된 경우가 발견됨.

─ 주장의 일관성 및 객관성 관련 문제점

정용재가 그동안 작성한 여러 문건, 「PD수첩」 제보서 및 진상조사단에서의 진술 사이에 일관성이 없거나, 주장을 번복하는 경우가 상당수 있었음. 각종 문건과 「PD수첩」 제보서에서는 "진주지청 검사 중 금품, 향응, 성 접대를 받지 않은 검사는 단 한 명도 없었다"고 기재했으나, 조사단 진술에서는 그 중(총 29명) 7명은 성 접대를 받지 않았다고 스스로 번복한 사례 등 다수. 정용재가 각종 문건, 제보서에 기재한 내용 중에는 객관적인 사실과 명백히 일치하지 않는 부분도 다수 발견됨.

─ 얼굴을 기억 못하는 상당수 검사들을 접대했다고 지목

정용재가 접대하였다는 시기에 해당 검찰청에서 근무한 검사들의 사진을 제시하였으나, 박기준 등 현직검사 9명과 퇴직 검사 8명 등 총 17명만을 지목할 뿐, 자신이 접대했다고 주장한 나머지 대다수 검사들에 대하여는 이름은 물론 얼굴도 기억하지 못하는 것으로 확인됨.

— 접대 자력에 대한 의문점

정용재는 1984년경부터 선친이 설립한 남한건설을 경영하던 중 1991년경 부도가 나고, 신용불량 상태에 이름. 그 후 2003년 5월경 남한정종합건설㈜를 설립하였으나 2005년 6월경 폐업함. 정용재 휴대전화에 저장된 문자메시지, 금융거래내역 등에 의하면, 최근의 자금 사정은 더욱 악화되어 있는 것으로 보여 접대 자력에 대해 의문점이 있음.

— 소결

이 사건 의혹을 밝히는 데 가장 기초적인 자료라 할 수 있는 정용재의 문건들이나 제보서가 과연 어떤 동기에서, 무엇을 근거로, 사실에 어느 정도 부합되게 작성되었는지 불분명하고, 각종 문건들과 진술 간에 일관성이 부족하고 모순점도 발견되며, 객관적 사실과 상치되는 점 등이 다수 확인됨. 또한 정용재는 검찰 출석 및 조사를 거부하거나, 진상규명에 반드시 필요한 객관적 자료, 참고인의 인적사항 등을 제출하지 않는 등 진정서를 제출하고 조사를 요구하던 것과는 모순된 행동을 보였음. 더구나 자신이 접대하였다는 대다수 검사들의 얼굴을 기억하지 못하는 점, 1991년 이후 정용재의 재산 상태가 악화되었던 점 등에 비추어보면 "25년간 100여명 검사들의 스폰서였다"는 정용재의 주장을 그대로 믿기 어려움. 이에 따라 최근 2009년의 접대 의혹을 제외한 5년 내지 26년 전의 의혹에 대해서는 정용재의 주장만으로 모두 사실이라고 단정할 수는 없다 할 것이므로 진상규명을 위해서는 정용재의 주장을 뒷받침할 수 있는 객관적인 자료의 보강이 반드시 전제되어야 함.

─ 진주지청 검사 등 접대 의혹

20~26년 전에 당시 갱생보호위원이던 정용재가 진주지청 검사 등을 상대로 수차례 회식 접대를 하고, ○○○ 검사(현 변호사)에게 전별금을 교부한 사실은 인정됨(대가성은 정용재 등이 부인하여 인정하기 어려움). 그 외 진주지청 검사들이 "정기적으로" 금품·향응을 수수하거나 성 접대를 받은 사실, 이임 후에 서울에서 금품·향응을 수수하거나 성 접대를 받은 사실은 인정하기 곤란함(대부분의 관련자들이 의혹을 극구 부인함. 정용재는 접대 장소, 경위, 참석자 등을 구체적으로 특정하지 못함. 진술의 일관성이 떨어짐. 정용재가 접대 장소로 지목한 가산 횟집. 추사루 식당, 웅궁정 요정, 향방 룸살롱이 현재는 없어져 해당 업소의 업주 및 종업원에 대한 추적이 불가능함).

─ 부산·경남 지역 검사 접대 의혹

부산고검 소속 ○○○ 검사 등이 2~3회에 걸쳐 정용재로부터 회식 접대를 받은 사실은 인정됨(대가성은 정용재 등이 부인하여 인정하기 어려움). 정용재는 "어떤 때는 1개월에 4~5회, 많은 때는 2일에 한 번씩도" 회식 접대를 하였다고 주장하나 인정하기 어려움(관련자들은 2~3회 회식 사실을 인정할 뿐, 그 이외의 접대 사실에 대하여는 극구 부인함. 정용재는 구체적인 접대 일시, 장소, 금액, 자금원 등을 특정하지 못하고 있을 뿐만 아니라 그 당시 빈번한 접대가 가능할 만큼의 자력이 있었는지를 입증할 자료도 없음).

─ 경남 지역 근무 검사 부회식

창원지검 ○○○ 부장검사와 소속 검사 일부가 정용재로부터 1회 회식 접대를 받은 사실은 인정됨(대가성은 정용재 등이 부인하여 인정하기 어려움). 한편 정용재는 검사 3명에게 성 접대를 하였다고 주장하나, 관련자들은 극구 부인하고, 주점 업주 이○○은 창원지검 ○○부 회식에서 성 접대는 없었다고 진술하여, 정용재의 주장만으로는 성 접대 사실을 인정하기 어려움.

― 부산동부지청 회식

정용재의 대학교 동문인 ○○○ 부장검사 등이 정용재로부터 2~3회 회식 접대를 받은 사실은 인정됨(대가성은 정용재 등이 부인하여 인정하기 어려움). 다만, 그 횟수에 대해서 정용재는 5회 접대하였다고 주장하나, 인정하기 어려움(정용재가 같은 회식자리에 참석한 것으로 지목한 부장검사 3명은 근무기간이 서로 달라 동일 회식 참석이 불가능함. 정용재는 접대하였다는 검사들의 이름, 얼굴을 기억하지 못하고 있음).

― 부산지검 형사○부 부회식

박기준 부장검사와 그 소속검사들이 정용재로부터 약 4~5회에 걸쳐 회식 접대를 받은 사실은 인정됨(대가성은 정용재 등이 부인하여 인정하기 어려움). 정용재는 검사 1명을 특정하여 성 접대 하였다고 주장하나, 성 접대가 있었다고 인정하기 어려움.

― 부산지검 형사△부 부회식

한승철 부장검사와 그 소속검사들이 약 3회에 걸쳐 정용재로부터 회식 접대를 받은 사실은 인정됨(대가성은 정용재 등이 부인하여 인정하기 어려움). 정용재는 검사 2명을 특정하여 성 접대 하였다고 주장하나, 성 접대가 있었다고 인정하기 어려움. 정용재는 부산지검 이임 후 휴가차 내려온 한승철 부장검사에게 회식 접대를 하였고, 휴가비 50만 원도 주었다고 주장하나 인정하기 어려움(한승철 부장검사 및 참석자로 지목된 검사 등은 회식 접대를 받은 사실이 없다고 부인함).

― 부산지검 전체 부장검사 회식

박기준 형사○부장 주최의 전체 부장검사 회식시 정용재로부터 약 2회의 회식 접대를 받은 사실은 인정됨(대가성은 정용재 등이 부인하여 인정하기 어려움). 다만, 그 횟수에 대해서 정용재는 3회 이상 접대하였다면서 사용한 수표를 특정하고 있으나 인정하기 어려움. 정용재는 부장검사 2명 및 일반직 1명을 특정하여 성 접대를 하였다고 주장하나, 성 접대가 있었다고 인정하기 어려움(관련자들은 성 접대 사실을 극구 부인함. 정용재는 부장검사 2명의 성 접대와 관련하여 그 시기, 장소 등을 제대로 특정하지 못함. 일반직 1명의 성 접대와 관련하여서는 회식 참석자들 및 주점 업주들 모두 성 접대는 없었다고 진술함).

— 대검 정기사무감사팀 회식

정용재는 사무감사팀 회식 접대를 하였다고 주장하나, 회식이 있었다고 인정하기 어려움(관련자들은 회식 접대를 받은 사실이 없다고 부인함. 회식에 참석한 것으로 지목된 한승철 부장검사는 당시 부산지검에 근무하지도 않았고, 하ㅇㅇ 검사는 당시 사무감사팀 소속도 아니었음).

— 창원지검 차장검사, 부산고검, 부산지검 ○○부 등 접대 의혹

한승철 창원지검 차장검사, 울산지검 ○○○ 부장검사, 부산지검 ○○○ 부장검사 등 3명이 정용재로부터 식사·술 접대를 받은 사실이 인정됨(대가성은 정용재 등이 부인하여 인정되지 아니함). 부산지검 ○○○ 부장검사는 성 접대 받은 사실을 부인하나, 정용재의 일관된 진술, 접대 장소에 동석했던 정용재의 고향 선배인 구○○, 유흥주점 종업원 정○○, 마담 김○○의 일부 진술, 압수된 주점 영업 장부 기재 내용 등을 종합하면 성 접대 사실이 인정됨. 한승철 창원지검 차장검사는 정용재로부터 100만 원을 받은 사실을 부인하나, 정용재의 일관된 진술, 구○○의 일부 진술, 현금자동지급기 인출 내역, 압수된 주점 영업 장부 기재 내용 등을 종합하면 100만 원 수수 사실이 인정됨. 부산고검 ○○○ 검사와 공익법무관 6명이 정용재로부터 식사·술 접대를 받은 사실이 인정됨. 부산지검 ○○○ 부장검사 및 그 소속검사 11명이 정용재로부터 식사·술 접대를 받은 사실과 부산지검 ○○○ 부장검사 등 3명이 술 접대를 받은 사실이 인정됨.

― 정용재 접대 의혹의 진상 개요

정용재는 갱생보호위원으로서 진주지청 검사들의 회식 자리에 동석하여 비용을 지불하기도 하고, 일부 검사에 대해 전별금을 지급하기도 하였음.

정용재는 1984년경부터 1990년경까지 사이에 진주지청에 근무하였던 박기준, □□□, △△△, ○○○ 등 일부 젊은 검사들과 친분을 맺기 시작하였음. 그러나 1991년경 남한건설이 영업부진과 자금사정 약화 등으로 부도나고, 다액의 보증채무로 신용불량 상태에 이르게 되었으며, 그 후 부산으로 본거지를 옮기면서 진주지청 갱생보호위원 활동뿐 아니라 검사들과의 교류도 한동안 중단되었음.

1997년경 정용재는 부산에서, 부산고검 검사로 부임한 위 □□□ 검사와 다시 만나게 되면서 부산고검 검사들의 저녁 회식 자리에 동석하여 비용을 지불하는 등 2003년경까지 2~3회 부산고검 검사들에게 식사·술 접대를 하였음.

2001~2002년 정용재는 대학교 후배로 알게 된 부산지검 동부지청 ○○○ 부장검사 등 부산동부지청 검사들에게 2~3회 식사·술 접대를 하였음.

2001년 6월경 정용재는 창원지검 ○○ 부장으로 부임한 위 △△△ 검사와 다시 연락하는 과정에서 부산에 와서 저녁을 함께 하자고 권유하여 △△△ 부장과 부 소속 검사 3명이 회식을 하는 자리에 동석하여 식사·술 접대를 하였음.

2003년 5월경 위 박기준 검사가 부산지검 형사○부장으로 부임해오면서, 그때부터 2004년 6월까지 박기준 부장검사를 통해 부산지검 부장검사 회식에 2회, 형사○부 회식에 3~4회, 형사○부와 형사△부(부장 한승철)의 합동 회식에 1회 가량 동석하여 식사·술 접대를 하였음.

위와 같이 부산지검 부장검사 회식 자리에 동석하는 과정에서 한승철 형사△부장을 알게 되어 형사△부 회식에 약 2회 동석하여 식사·술 접대를 하였음. 2004년 6월경 박기준, 한승철 부장검사가 부산지검을 떠난 뒤로는 2005월 1월경부터 2009년 2월경까지 검사와의 교류가 중단되었음.

그 후 약 5년 가까이 지난 2009년 2월경 위 한승철 부장이 창원지검 차장검사로 부임하자 연락하여 2009년 3월 17일 한승철 차장검사와 부산지검 ○○○ 부장검사, 울산지검 ○○○ 부장검사 등 3명의 저녁 자리에 동석, 식사·술 접대를 하고, 부산지검 ○○○ 부장검사에게 성 접대를, 한승철 차장검사에게 현금 100만 원을 제공하였음.

2009년 3월 30일경 부산고검에 근무하게 된 위 ○○○ 검사에게 연락하여 그가 주재하는 부산고검 공익법무관 회식에 동석, 식사·술 접대를 하였음. 2009년 4월 13일경 위 부산지검 ○○○ 부장검사에게 부회식을 함께 하자고 수회 연락하여 소속 부원들과의 회식 자리에 동석, 식사·술 접대를 하고, 그 자리를 마친 직후 ○○○ 부장검사 등 부산지검 부장검사 3명에게 별도로 술 접대를 하였음. 2009년 4월 22일경 위 부산지검 ○○○ 부장검사의 소속 검사로서 그가 주최한 부회식에 참가하였던 ○○○ 검사에게 따로 연락하여 식사·술 접대를 하였음.

― 진상에 대한 평가 및 분석

진주지청에서 근무하면서 정용재와 친분을 맺은 검사들과 그들을 통해 정용재를 알게 된 검사들 일부가 정용재로부터 부적절한 식사·술 접대를 받은 사실 확인. 정용재는 26년 전부터 지속적으로 검사들을 접대한 것처럼 주장하나, 약 4년여 동안 교류를 다시 중단하였던 사실로 보아 정용재의 주장과 같은 지속적인 접대는 없었던 것으로 판단됨. 정용재는 제보서에서 50명 이상의 검사 이름을 나열하며 자신이 소위 그들의 '스폰서'였다고 주장하나, 정용재는 진주지청 시절 알게 된 박기준, △△△, □□□ 부장검사 등 및 박기준 부장검사를 통하여 새로 알게 된 한승철 부장검사 등과 주로 교류하며 그들이 주최한 일부 회식에 동석하여 회식비를 지불하는 형태로 접대를 하였고, 명단에 포함된 나머지 대부분의 검사들은 상사 또는 동료인 위 부장검사 등을 따라 회식에 단순 참가하였을 뿐, 정용재와의 개인적 친분 관계는 없었던 것으로 확인됨. 정용재는 일부 언론에 대한 인터뷰에서 검사들이 먼저 접대를 요구하여 어쩔 수 없이 응했다는 취지로 주장하나, 오히려 정용재가 먼저 검사들에게 연락하여 접대를 제안한 경우가 많았던 것으로 확인되었음. 정용재는 1984~1990년 진주지청 검사 등에게 정기적으로 금품을 제공하는 등 거액의 금품을 제공한 것처럼 주장하나, 전별금 1회 제공 사실이 확인되었을 뿐 20~26년의 시간이 흘러 명확한 진상을 파악하기 곤란하였고, 한편, 정용재가 1991년경 갱생보호위원 활동을 사실상 종료한 이후에는 2009년 3월 17일 한승철 차장검사에게 100만 원을 제공한 외에 별도로 금품을 제공한 사례를 확인할 수는 없었음. 정용재는 1984~1990년 진주지청 검사들 중 자신으로부터 성 접대를 받지 않은 검사가 한 명도 없으며, 2000~2004년 자신이 접대한 부산·경남 지역 검사 중 일부 및 2009년 3월 17일 부산지검 ○○○ 부장검사에게 성 접대를 하였다고 주장하나, 정용재가 조사과정에서 진주지청 근무 검사 중 7명은 성 접대를 받지 않았다고 스스로 진술을 번복한 점 등으로 보아 부산지검 ○○○ 부장검사가 성 접대를 받은 사실은 인정되나, 나머지 검사들에 대한 성 접대는 인정하기 어려움. 정용재는 검사들과의 친분에 따른 접대였을 뿐 대가성은 없었다고 일관되게 주장할 뿐 아니라 정용재가 관련된 사건들의 처리과정에 대한 분석 결과에 의하더라도 달리 정용재의 접대가 직무 관련성이나 대가성이 있었다고 볼 정황은 발견되지 아니함.

| 조사 중 발견된 비위 조사 결과 |

— 박기준 부산지검장

압수한 정용재의 문건에 자신을 포함한 다수 검사들에 대한 접대 내역이 기재된 사실을 보고받았고, 그러한 접대 내역 등을 폭로하겠다는 내용이 기재된 정용재의 친전서신 형식의 진정서를 받았음에도 상부에 보고하지 않았음(보고의무 위반). 진정 내용에 자신의 비위가 포함되어 있어 어느 정도 사실임을 알고 있었음에도 그 진상을 적극적으로 확인하도록 하는 등의 필요한 조치를 하지 않고 진정 사건 주임검사가 공람 종결하는 것을 그대로 승인하였음(지휘·감독의무 위반 및 직무태만). 정용재의 구속집행정지 신청 불허의견을 제시한 주임검사에게 "아프다는데 수술을 받게 해 줄 수 없느냐"고 말하고, 1차장검사에게 "정용재에 대한 내사 사건의 수사 템포를 늦추면 안 되겠느냐"고 부탁하였음(검사윤리강령 위반). 변호사법 위반 사건의 피의자이자 검사 접대 관련 진정인인 정용재에게 전화를 걸어 진정 내용을 폭로하지 말라는 취지로 말하고, 정용재 동생으로부터 집무실에서 2차례 선처 청탁을 받는 등 사건관계인을 사적으로 접촉하였음(검사윤리강령 위반). 전화 취재 중인 피디에게 반말로 거친 언동을 하였고, 정용재와의 전화통화에서 검찰총장 후보자와의 친분을 거론하며 특정 보직을 받을 수 있을 것처럼 말하였음(품위손상).

— 한승철 전 대검 감찰부장

자신의 향응·금품수수 등을 포함한 다수 검사들의 비위 사실이 기재된 최○○의 고소장과 진정서를 접수하였음에도, 검찰총장에게 보고하지 않고 부산지검으로 이첩하였음(보고의무 위반).

— ○○○ 부산지검 부장검사

소속 검사들로부터 검사 접대 내역에 관한 진정인 정용재나 고소인 최○○의 주장 내용이 일부 사실로 확인된다는 보고를 받고도 이를 검사장 등에게 보고하지 않았음(보고의무 위반). 최○○의 고소 사건을 접대 당사자인 소속 검사가 처리토록 하고, 검사 접대 내역 부분을 조사 없이 판단도 하지 않은 채 각하 처분하는 것에 결재하였음(지휘·감독의무 위반 및 직무태만).

— ○○○ 부산지검 검사

최○○의 고소장에 기재된 비위 사실의 당사자로서 정용재로부터의 향응수수 사실이 있었음에도 재배당 요청 등으로 사건을 회피하지 않고, 검사 접대 내역 부분을 조사 없이 판단도 하지 않은 채 각하 처분하였음(검사윤리강령 위반 및 직무태만).

— ○○○ 부산고검 검사

정용재로부터 경찰에서 조사 중인 변호사법 위반 등 사건과 관련하여 부탁을 받고 수사지휘검사 2명에게 전화하여 '당사자가 억울하다고 하니 기록을 잘 살펴 달라'는 취지로 부탁하였음(검사윤리강령 위반).

— ○○○ 전 부산지검 부장검사

정용재로부터 경찰에서 조사 중인 변호사법 위반 등 사건과 관련하여 부탁을 받고 수사지휘검사에게 전화하여 '당사자가 억울하다고 하니 기록을 잘 살펴 달라'는 취지로 부탁하였음(검사윤리강령 위반).

4. 향후 조치 계획

| 비위가 확인된 검사에 대한 조치 권고 |

이번 사건에서 비위 혐의가 확인된 현직 검사들에 대하여는 다음과 같이 조치할 것을 검찰총장에게 권고할 예정임(비위 정도가 중하거나 다소 중하고, 징계시효가 남아 있는 검사 10명: 징계, 비위 정도가 다소 중하나, 징계시효가 완성된 검사 7명: 인사조치, 나머지 검사들 중 상사 등 주재 회식에 단순 참가한 평검사 등 비위 정도가 경미한 검사 28명: 검찰총장 엄중 경고).

> *부산지검 ○○○ 부장검사에 대한 성 접대 혐의 사실에 관하여는, 그 형사 처벌 여부 및 수위에 대하여 검찰 사건 처리 기준에 따라 원칙대로 처리하도록 검찰총장에게 권고할 예정임.

| 제도 개선 대책에 대한 권고 |

진상규명위원회에서 논의를 거쳐 의결한 위 제도 개선 대책에 대하여는 이를 검찰 자체 개혁 방안에 반영될 수 있도록 검찰총장에게 권고할 예정임.

5. 맺음말

다수의 전·현직 검사들이 관련된 이번 사건 조사에 대해 많은 국민들께서 과연 검사들 스스로 내부의 비리를 공정하고 명백하게 밝혀 엄단할 수 있겠느냐는 의구심을 갖고 계시다는 것을 잘 알고 있음. 그런 점을 깊이 인식하고, 저와 외부위원들은 검사들로 구성된 진상조사단의 조사 활동을 철저히 감시하고, 조사 결과를 꼼꼼히 확인·검증하는 등 실체적 진상규명을 위해 최선의 노력을 다하였음. 오늘 발표해드린 진상조사 결과는 저희 진상규명위원회가 지난 50일 동안 모든 역량과 정성을 다해 밝힌 것이므로 이에 대한 국민 여러분의 깊은 이해를 부탁드림. 저희 진상규명위원회에서 조사 결과를 바탕으로 검찰총장에게 권고할 비위 혐의자들에 대한 조치와 제도 개선 방안에 대하여는 적절하고 합리적인 후속 조치가 신속하게 이뤄지기를 기대함. 아울러 이번 사건을 계기로 검찰은, 새로운 각오와 윤리적 재무장을 통해 국민의 신뢰를 받는 사정의 중추기관으로 거듭나기를 바라는 것이 국민 모두의 뜻이라는 점을 깊이 인식하고, 그 기대에 부응하는 노력을 경주해주기 바람.

'검사와 스폰서'
방영 후 1년… 그리고 이 책

- 최승호 전 MBC 사장

「PD수첩」 '검사와 스폰서'(2010년 4월 20일 방송)가 방송된 지도 벌써 1
년이 되어간다. 방송 1년이 지난 지금 검사들의 스폰서 행태를 고발한
정용재 씨는 수감자의 신분이고 나 역시 「PD수첩」을 타의로 떠났다.

검찰에도 그동안 많은 일이 있었다. 수십 명의 검사들이 특검 수사를
받았고 일부는 기소됐지만 1심에서 무죄판결을 받았다. 박기준·한승철
두 검사장은 면직 처분됐다. 박기준 씨는 면직처분 취소소송을 냈지만

기각됐다. 특검 기소가 무죄 판결을 받는 상황에서 나머지 일부 검사들을 대상으로 한 징계가 '조용히' 이뤄졌다. 정직, 감봉 등의 징계가 내려졌다. 이렇게 스폰서 검사 파문은 정리되어가고 있다. 검사들은 당분간 그들이 받은 '섹검'의 수치를 기억할 것이다. 그러나 곧 위엄을 갖추고 일인지하만인지상의 검찰 위상을 회복할 것이다.

지난 1년간 그 난리를 쳤지만 사실 검찰이 인정한 것은 별로 없다. 그저 증거가 명확하게 남아 있는 최근의 몇 차례 향응을 인정했을 뿐 스폰서 정 씨가 수백 명에게 제공했다는 성 접대는 한 건도 인정하지 않았다. 그 과정에서 엄연히 있는 증거와 증인도 없는 것처럼 묵살하고 은폐했다. 검찰이 다른 사건을 수사할 때도 이렇게 한다면 우리 국민은 불안해서 잠을 제대로 잘 수 없을 것이다. 그 정도로 심각한 은폐·왜곡이 저질러졌다.

그 한 예로 검찰은 인터넷에서 이름만 검색하면 어디에 있는지 지도까지 나오는 식당을 아예 존재하지 않는 것으로 만들었다. 「PD수첩」은 쉽게 찾아낸 과거 업주 중 상당수도 찾을 수 없었다는 한마디로 은폐해 버렸다. 어찌 보면 검찰이 제대로 조사했더라도 업주들이 과거 정용재 씨가 얼마나 검사들을 자주 접대했는지 밝히기를 꺼렸을 가능성이 크다. 누가 검찰의 비위를 상해가면서 오래된 과거 일을 굳이 진술하려 하겠는가. 그러나 검찰은 아예 찾아보지도 않고 없는 일로 만들어버렸다.

나는 검찰이 찾아보는 시늉도 하지 않고 없다고 결론을 내버린 것이야말로 검찰이 누리고 있는 권력이 얼마나 무지막지한지 말해준다고 믿는다. 검찰이 이렇게 결론을 내버리면 그 누구도 쉽게 이의를 제기할 수 없다는 것을 검찰 스스로 너무나 잘 알기 때문에 이런 일을 저지르는 것이다.

실제로 「PD수첩」이 검찰의 진상은폐를 통렬하게 고발하는 '검사와 스폰서' 3편을 방송했지만 검찰 조직은 묵묵부답이었다. 일언반구 변명도, 항변도 하지 않았다. 그 뒤에 느껴지는 것은 "너희는 떠들어라. 우리가 묵살하면 결국 그뿐이다"라는 오만함이었다. 대한민국에서는 검찰이 이렇게 버틸 경우 어떻게 할 수 있는 방법이 없다. 우리가 그들을 이렇게 괴물로 만들어놓았던 것이다.

정용재 씨는 이때 큰 상실감을 토로했다. 그는 자신의 전 인생을 걸고 검찰을 고발한 결과가 이런 용두사미 특검이라는 데 분노했다. 그런 그를 두 언론인이 찾아왔다. 이 책은 검찰의 검사 스폰서 사건 은폐·왜곡을 향해 정용재 씨와 그를 취재하던 두 언론인이 보내는 고발장이다. 『시사IN』정희상 기자, 『오마이뉴스』구영식 기자. 이 두 분은 나와 함께 정용재 씨를 취재하던 기자들이다. 특검의 수사가 결국 의혹만 남기고 정리될 즈음 이들은 정용재 씨를 만나 이 책을 쓰기로 의기투합했다. 검찰의 진상규명이 어느 정도 순조로웠다면 만들어지지 않았을 책이 태어난 것이다.

원고를 읽어보니 새로운 사실이 많다. 게다가 거의 실명을 공개했다. 저자들은 "일부 고위직 검사들뿐 아니라 일반 검사들조차도 스폰서 문화에 포획된 현실을 가감 없이 보여줄 필요가 있어서" 실명을 공개했다고 밝혔다. 검찰뿐 아니라 경찰, 군 등 과거 정용재 씨의 스폰을 받은 다른 부문의 고위 인사들도 실명으로 등장한다. 이 책의 후폭풍이 만만치 않을 거라는 예감이 든다.

증언을 한 정용재 씨는 지금 가족이 있는 곳과 멀리 떨어진 교도소에

수감되어 있다. 어쩌면 이번 증언은 그에게 또 다른 시련을 안겨줄 수도 있다. 그럼에도 그는 물러서지 않았다. 누가 과연 그의 처지에서 그와 같은 일을 할 수 있을까? 그런 점에서 그는 우리 사회가 가진 축복이다. 비록 그것이 그와 그의 가족에게는 천형을 의미한다 할지라도. 시민의 한 사람으로서 그와 가족들에게 감사를 드린다.

2011년 4월 6일

검사와 스폰서

정용재 증언
구영식·정희상 정리

초판 1쇄 발행일 2024년 12월 27일

발행인 | 한상준
편집 | 김민정·손지원·최정휴·김영범
디자인 | 문지현·양시호
마케팅 | 이상민·주영상
관리 | 양은진

발행처 | 비아북(ViaBook Publisher)
출판등록 | 제313-2007-218호(2007년 11월 2일)
주소 | 서울시 마포구 월드컵북로 6길 97(연남동 567-40)
전화 | 02-334-6123 전자우편 | crm@viabook.kr
홈페이지 | viabook.kr

ⓒ정용재·구영식·정희상, 2024
ISBN 979-11-94348-14-6 03300